PARIMAD PIÑA COLADA INSPUNKTID RETSEPTID

Kogege oma köögis troopika magusaid ja värskendavaid maitseid

Irina Kuusk

Autoriõigus materjal ©2023

Kõik õigused kaitstud

Ühtegi selle raamatu osa ei tohi mingil kujul ega vahenditega kasutada ega edastada ilma kirjastaja ja autoriõiguste omaniku nõuetekohase kirjaliku nõusolekuta, välja arvatud ülevaates kasutatud lühikesed tsitaadid. Seda raamatut ei tohiks pidada meditsiiniliste, juriidiliste või muude professionaalsete nõuannete asendajaks.

SISUKORD

SISUKORD 3
SISSEJUHATUS 6
KLASSIKA 7
1. Klassikaline Piña Colada 8
2. Neitsi Piña Colada 10
3. Ingver Piña Colada 12
4. Viinamarja Colada 14
5. Tai stiilis Piña Colada 16
6. Malibu Pumpkin Colada 18
7. Piña Colada Martini 20
8. Piña Colada Mocktail 22
HOMMIKUSÖÖK 24
9. Piña colada pannkoogid 25
10. Piña Colada üleöökaer 27
11. Piña Colada Prantsuse röstsai 29
12. Piña Colada muffinid 31
13. Piña Colada Granola 33
14. Piña Colada Chia puding 35
15. Piña Colada hommikusöögiparfee 37
16. Piña Colada Hommikusöök Burrito 39
17. Piña Colada hommikusöögipajaroog 41
18. Leib purkides Piña colada 43
19. Troopiline omlett 45
20. Kuldsed vahvlid troopiliste puuviljadega 47
21. Troopiliste puuviljade krepid 50
22. Troopiline kookosepuding 52
23. Troopiline Acai Bowl 54
24. Kookose banaanileib 56
25. Troopilised hommikusöögi tacod 58
26. Troopiline avokaado röstsai 60
SUUPISTED 62
27. Piña Colada Bark 63
28. Piña Colada energiapallid 65
29. Piña Colada Granola baarid 67
30. Piña Colada Rice Krispie maiuspalad 69
31. Piña Colada Trail Mix 71

32. Troopiline kokteil ceviche ... 73
33. Troopilise sidruni valgu hammustused ... 75
34. Troopilise pähkli pizza ... 77
35. Troopiliste puuviljade kabobid ... 79
36. Kookos-laimi popkorn ... 81
37. Kookos-laimi guacamole ... 83
38. Kookose krevetid ... 85
39. Tropical Mango Salsa Roll-Ups ... 87
40. Grillitud ananassivardad ... 89
41. Kookose banaanihammustused ... 91
42. Troopilise jogurti kaste ... 93
43. Troopiliste puuviljade salat ... 95
PÕHIROOG ... **97**
44. Piña Colada riis ... 98
45. Piña Colada puuviljasalat ... 100
46. Grillitud Piña Colada kanavardad ... 102
47. Piña Colada köögiviljavardad ... 104
48. Piña Colada krevetitacod ... 106
49. Piña Colada sea sisefilee ... 108
50. Piña Colada krevettidega praetud riis ... 110
51. Piña Colada kalatacod ... 112
52. Piña Colada glasuuritud sink ... 114
53. Kreemjas troopiliste puuviljade salat ... 116
54. Troopiline ananassi kana ... 118
55. Maitse Tropics Shrimp ... 120
56. Kariibi mere grillitud sealiha troopilise salsaga ... 122
57. Homaari saba grillitud troopiliste puuviljadega ... 124
58. Troopiline musta oa salat mangoga ... 126
59. Troopiline riisikauss ... 128
60. Troopilised sealiha kebabid ... 130
61. Jamaica Jerk Pork ... 132
62. Mango karri tofu ... 134
63. Kariibi musta oa ja mango kinoa salat ... 136
64. Hawaii teriyaki kana ... 138
65. Kookos-laimi krevettide karri ... 140
66. Jamaica karrikits ... 142
67. Kariibi mere stiilis kalatacod ... 144
68. Mango glasuuritud lõhe ... 146

69. Kariibi mere köögiviljakarri 148
70. Jerk Chicken mango salsaga 150
71. Hawaii BBQ searibid 152
72. Kariibi grillitud praad ananassisalsaga 154
MAGUSTOIT **156**
73. Piña Colada Granita 157
74. Piña colada pehmem-server 159
75. Piña Colada koogikesi 161
76. Piña colada juustukook 163
77. Piña Colada jäätis 165
78. Piña Colada juustukoogibatoonid 167
79. Piña Colada Gelato 169
80. Piña colada besee-gelato kook 171
81. No-Bake Piña colada juustukook 173
82. Piña Colada Panna Cotta laimi ja ananassiga 175
83. Piña colada loll 178
SMUUTID JA KOKTEILID **180**
84. Piña Colada roheline smuuti 181
85. Piña Colada keefir 183
86. Roheline Colada smuuti 185
87. Piña Colada Shake 187
88. Kahlua ja Cookie colada parfeed 189
89. Troopiline vesi 191
90. Troopiline paradiis 193
91. Troopiline jäätee 195
92. Vürtsikas troopiline roheline smuuti 197
93. Troopilise mandariini smuuti 199
94. Tropicala 201
95. Maasikas Daiquiri 203
96. Troopiline Margarita 205
97. Sinine Hawaii Mocktail 207
98. Mango Mojito Mocktail 209
99. Kookose limeade 211
100. Troopiline Sangria 213
KOKKUVÕTE **215**

SISSEJUHATUS

Tere tulemast PIÑA COLADAsse. See kokaraamat on pühendatud kõigile neile, kes armastavad troopika magusaid ja värskendavaid maitseid. Sellest raamatust leiate erinevaid retsepte, mis on inspireeritud klassikalisest Piña colada kokteilist. Alates smuutidest kuni kookideni – iga retsept on loodud selleks, et tuua teie kööki troopiline paradiis.

Sellesse kokaraamatusse oleme lisanud ka lõbusaid fakte ja näpunäiteid Piña colada ajaloo, kasutatud koostisosade ja täiusliku joogi valmistamise kohta. Loodame, et see kokaraamat inspireerib teid katsetama uusi maitseid ja looma oma troopilist paradiisi.

KLASSIKA

1. Klassikaline Piña Colada

KOOSTISOSAD:
- 2 untsi heledat rummi
- 2 untsi ananassimahla
- 2 untsi kookoskreemi
- 1 tass purustatud jääd
- Kaunistuseks ananassiviil ja maraschino kirss

JUHISED:
a) Lisa blenderisse rumm, ananassimahl, kookoskoor ja purustatud jää.
b) Blenderda ühtlaseks.
c) Vala klaasi ning kaunista ananassiviilu ja maraschino kirsiga.

2.Neitsi Piña Colada

KOOSTISOSAD:
- 2 untsi ananassimahla
- 2 untsi kookoskreemi
- 1 tass purustatud jääd
- Kaunistuseks ananassiviil ja maraschino kirss

JUHISED:
a) Lisa blenderisse ananassimahl, kookoskoor ja purustatud jää.
b) Blenderda ühtlaseks.
c) Vala klaasi ning kaunista ananassiviilu ja maraschino kirsiga.

3.Ingver Piña Colada

KOOSTISOSAD:
- 2 tassi külmutatud ananassi
- 1 laim kooritud ja viilutatud
- 1/2-tolline tükk ingverit, õhukeselt viilutatud

JUHISED:
a) Segage 1/2 kuni 1 tassi vedelikuga.
b) Nautige

4.Viinamarja Colada

KOOSTISOSAD:
- 7 untsi seemneteta punaseid viinamarju
- 2 supilusikatäit mett
- 16 untsi magustatud kookoskreemi
- 1 tl jahvatatud köömneid
- paar tilka apelsiniõievett
- 3½ untsi jääkuubikuid

JUHISED:
a) Sega viinamarjad mee, kookoskoore, köömnete, apelsiniõievee ja jääga ühtlaseks massiks.
b) Serveeri ja kaunista täiendavate viinamarjapoolikutega.

5.Tai stiilis Piña Colada

KOOSTISOSAD:
- Magustamata kookospiim: 1 purk
- Ananassimahl: 1 tass
- Hele rumm: 4 untsi
- Suhkur: ½ tassi
- Jääkuubikud: 4 tassi

JUHISED:
a) Segage segisti anumas kookospiim, rumm, suhkur ja ananassimahl.
b) Blenderda kõrgel, kuni see on täiesti ühtlane.
c) Lisa jää ja blenderda, kuni moodustub lörtsine konsistents.
d) Vala klaasidesse. Serveeri kohe.

6. Malibu Pumpkin Colada

KOOSTISOSAD:
- Jääkuubikud
- 50 ml Malibu
- 50 ml kookoskoort
- 10 ml laimimahla
- 10 ml kõrvitsapüreed või -mahla
- 75 ml ananassimahla

JUHISED:
a) Täida šeiker jääkuubikutega.
b) Lisa Malibu, kookoskoor, laimimahl, kõrvitsapüree või -mahl ja ananassimahl.
c) Loksuta ja kurna jahutatud jääkuubikutega täidetud klaasi.

7.Piña Colada Martini

KOOSTISOSAD:
- 2 untsi kookospähkli rummi
- 1 unts ananassimahla
- 1 unts kookospähkli koort
- 1/2 untsi laimimahla
- Kaunistuseks ananassiviil ja laimikeerd

JUHISED:
a) Lisage jääga šeikerisse kookosrumm, ananassimahl, kookoskoor ja laimimahl.
b) Loksutage kuni jahutamiseni.
c) Kurna martiniklaasi.
d) Kaunista ananassiviilu ja laimikeeruga.

8. Piña Colada Mocktail

KOOSTISOSAD:
- 2 untsi ananassimahla
- 2 untsi kookoskreemi
- 1 unts laimimahla
- 1/2 untsi lihtsat siirupit
- Klubi sooda
- Kaunistuseks ananassiviil ja piparmündilehed

JUHISED:
a) Lisa ananassimahl, kookoskoor, laimimahl ja lihtne siirup jääga šeikerisse.
b) Loksutage kuni jahutamiseni.
c) Kurna jääga täidetud klaasi.
d) Top klubi soodaga.
e) Kaunista ananassiviilu ja piparmündilehtedega.

HOMMIKUSÖÖK

Piña colada pannkoogid

KOOSTISOSAD:
- 1 tass speltajahu
- ½ tl küpsetuspulbrit
- ½ tl söögisoodat
- ¾ tassi tavalist kreeka jogurtit
- ½ tassi + 2 spl konserveeritud täisrasvast kookospiima
- 1 suur muna
- 2 spl vahtrasiirupit
- 1 tl vaniljeekstrakti
- ½ tassi peeneks hakitud ananassi

JUHISED:

a) Lisa kaussi jahu, küpsetuspulber ja sooda ning vispelda ühtlaseks.

b) Teises kausis vahustage jogurt, kookospiim, muna, vahtrasiirup ja vanill, kuni need on põhjalikult ühendatud.

c) Lisa märjad koostisosad kuivadele koostisosadele ja vahusta ühtlaseks seguks.

d) Kui kõik on segunenud, sega juurde ananass.

e) Laske taignal 2–3 minutit seista. See võimaldab kõigil koostisosadel kokku tulla ja annab taignale parema konsistentsi.

f) Pihustage mittenakkuvale pannile või küpsetusplaadile ohtralt taimeõli ja kuumutage keskmisel kuumusel.

g) Kui pann on kuum, lisage tainas ¼-tassi mõõtetopsi abil ja valage pannkoogi valmistamiseks pannile. Kasutage pannkoogi vormimiseks mõõtetopsi.

h) Küpseta, kuni küljed on hangunud ja keskele tekivad mullid (umbes 2–3 minutit), seejärel keerake pannkook ümber.

i) Kui pannkook on sellelt küljelt küpsenud, eemaldage pannkook tulelt ja asetage see taldrikule.

j) Jätkake neid samme ülejäänud taignaga.

Piña Colada öökaer

KOOSTISOSAD:
- 1/2 tassi valtsitud kaera
- 1/2 tassi kookospiima
- 1/2 tassi ananassimahla
- 1/4 tassi hakitud kookospähklit
- 1 spl mett
- 1/2 tl vaniljeekstrakti
- Lisandid: viilutatud ananass, riivitud kookospähkel

JUHISED:
a) Sega kausis kaer, kookospiim, ananassimahl, hakitud kookospähkel, mesi ja vaniljeekstrakt.
b) Segage hästi ja katke kauss kilega.
c) Pane kaer ööseks külmkappi.
d) Hommikul pane peale viilutatud ananass ja riivitud kookospähkel.

Piña Colada prantsuse röstsai

KOOSTISOSAD:
- 4 viilu leiba
- 2 muna
- 1/4 tassi kookospiima
- 1/4 tassi ananassimahla
- 1/4 tl vaniljeekstrakti
- 1/4 tl jahvatatud kaneeli
- 1/4 tassi hakitud kookospähklit
- Praadimiseks või või õli

JUHISED:
a) Vahusta madalas tassis munad, kookospiim, ananassimahl, vaniljeekstrakt ja kaneel.
b) Kastke iga leivaviil munasegusse, kattes kindlasti mõlemad pooled.
c) Kuumuta pann keskmisel kuumusel ja lisa supilusikatäis võid või õli.
d) Lisa leivaviilud pannile ja küpseta 2-3 minutit mõlemalt poolt, kuni need on kuldpruunid.
e) Puista prantsuse röstsaia peale hakitud kookospähkel ja serveeri siirupiga.

Piña Colada muffinid

KOOSTISOSAD:
- 2 tassi universaalset jahu
- 1/2 tassi suhkrut
- 1 spl küpsetuspulbrit
- 1/4 teelusikatäit soola
- 1/2 tassi kookospiima
- 1/2 tassi ananassimahla
- 1/4 tassi taimeõli
- 1 muna
- 1 tass kuubikuteks lõigatud ananassi
- 1/2 tassi hakitud kookospähklit

JUHISED:

a) Kuumuta ahi temperatuurini 375 °F (190 °C) ja vooderda muffinivorm pabervooderdistega.

b) Sega kausis jahu, suhkur, küpsetuspulber ja sool.

c) Klopi teises kausis kokku kookospiim, ananassimahl, taimeõli ja muna.

d) Vala märjad koostisosad kuivainete hulka ja sega ühtlaseks massiks.

e) Sega hulka kuubikuteks lõigatud ananass ja riivitud kookospähkel.

f) Vala tainas ettevalmistatud muffinivormi, täites iga tassi umbes 2/3 ulatuses.

g) Küpseta 20-25 minutit, kuni muffini keskele torgatud hambaork tuleb puhtana välja.

h) Lase muffinitel 5 minutit vormis jahtuda, enne kui tõstad need restile täielikult jahtuma.

.Piña Colada Granola

KOOSTISOSAD:
- 3 tassi valtsitud kaera
- 1/2 tassi hakitud kookospähklit
- 1/2 tassi hakitud mandleid
- 1/4 tassi mett
- 1/4 tassi kookosõli
- 1/4 tassi ananassimahla
- 1 tl vaniljeekstrakti
- 1/2 tassi kuivatatud ananassi

JUHISED:

a) Kuumuta ahi temperatuurini 325 °F (160 °C) ja vooderda küpsetusplaat küpsetuspaberiga.

b) Sega kausis valtsitud kaer, riivitud kookospähkel ja hakitud mandlid.

c) Sega teises kausis mesi, kookosõli, ananassimahl ja vaniljeekstrakt.

d) Valage märjad koostisosad kuivadele koostisosadele ja segage, kuni see on hästi kaetud.

e) Laota segu ettevalmistatud ahjuplaadile ja küpseta 20-25 minutit aegajalt segades kuni kuldpruunini.

f) Enne kuivatatud ananassi segamist lase granolal 10 minutit küpsetusplaadil jahtuda.

g) Säilitage granola õhukindlas anumas.

.Piña Colada Chia puding

KOOSTISOSAD:
- 1/4 tassi chia seemneid
- 1 tass kookospiima
- 1/4 tassi ananassimahla
- 1 spl mett
- 1/4 tl vaniljeekstrakti
- Lisandid: viilutatud ananass, riivitud kookospähkel

JUHISED:

a) Sega kausis kokku chia seemned, kookospiim, ananassimahl, mesi ja vaniljeekstrakt.

b) Kata kauss kilega ja hoia külmkapis vähemalt 2 tundi või üleöö.

c) Serveerimiseks raputa peale viilutatud ananassi ja riivitud kookospähklit.

Piña Colada hommikusöögiparfee

KOOSTISOSAD:
- 1/2 tassi kreeka jogurtit
- 1/2 tassi kuubikuteks lõigatud ananassi
- 1/4 tassi hakitud kookospähklit
- 2 supilusikatäit mett
- 2 spl ananassimahla
- Granola katteks

JUHISED:
a) Sega kausis kreeka jogurt, tükeldatud ananass, riivitud kookospähkel, mesi ja ananassimahl.

b) Tõsta segu lusikaga serveerimisklaasi, vaheldumisi granola kihtidega.

c) Kõige peale lisa kuubikuteks lõigatud ananass ja hakitud kookospähkel.

.Piña Colada Hommikusöök Burrito

KOOSTISOSAD:
- 4 suurt jahutortillat
- 6 muna, vahupuder
- 1/2 tassi ananassi tükke
- 1/2 tassi hakitud kookospähklit
- 1/4 tassi hakitud koriandrit
- Sool ja pipar maitse järgi

JUHISED:
a) Kuumuta suur praepann keskmisel kuumusel.
b) Lisa munapuder ja küpseta, kuni need on just tahenenud.
c) Lisage pannile ananassitükid, hakitud kookospähkel, koriander, sool ja pipar ning segage, kuni need on hästi segunenud.
d) Soojenda jahutortiljad mikrolaineahjus või plaadil.
e) Jaga munasegu tortillade vahel ja keera need burritodeks.
f) Serveeri kohe.

.Piña Colada hommikusöögipajaroog

KOOSTISOSAD:
- 6 suurt sarvesaia, väikesteks tükkideks rebitud
- 1 purk kookospiima
- 1/2 tassi ananassimahla
- 1/2 tassi hakitud kookospähklit
- 1/2 tassi ananassi tükke
- 4 muna
- 1/4 tassi pruuni suhkrut
- 1 tl vaniljeekstrakti
- 1/2 teelusikatäit kaneeli

JUHISED:
a) Kuumuta ahi temperatuurini 350 °F.
b) Vahusta suures kausis kookospiim, ananassimahl, munad, pruun suhkur, vaniljeekstrakt ja kaneel.
c) Lisa sarvesaia tükid kaussi ja sega, kuni need on seguga kaetud.
d) Vala croissantisegu võiga määritud ahjuvormi.
e) Puista sarvesaia segu peale hakitud kookose- ja ananassitükid.
f) Küpseta 35-40 minutit, kuni pealt on kuldpruun ja pajaroog läbi küpsenud.
g) Serveeri kuumalt.

Leib purkides Piña colada

KOOSTISOSAD:
- 1 purk ananassi; (20 untsi) purustatud
- 1 tass margariini; toatemperatuuril
- 3½ tassi pruuni suhkrut; pakitud
- 4 munavalget; piitsutatud
- ½ tassi rummi
- 3⅓ tassi pleegitamata jahu
- 1½ tl küpsetuspulbrit
- 1 tl Söögisoodat
- 1 tass kookospähkel; hakitud

JUHISED:

a) Kuumuta ahi temperatuurini 325. Enne taigna alustamist peske 8 (1 pint) laia suuga kaanega purki kuuma seebiveega ning laske nõrguda, kuivada ja jahtuda toatemperatuurini.

b) Valmistage purgid rohkelt ette küpsetussprei ja jahuga.

c) Nõruta ananassi 10 minutit, jättes alles mahla. Püreesta nõrutatud ananass blenderis. Mõõda välja 1½ tassi püreed, lisades vajadusel 1½ tassi valmistamiseks veidi mahla. Tõsta püree kõrvale. Visake järelejäänud mahl ära.

d) Sega kausis õunakaste, pool fariinsuhkrut heledaks ja kohevaks. Klopi sisse munavalged ja ananassipüree. Kõrvale panema. Sega teises segamiskausis jahu, küpsetuspulber ja sooda. Lisa vähehaaval ananassisegule kolmandiku kaupa, iga lisamisega korralikult vahustades. Sega juurde kookospähkel.

e) Tõsta igasse purki 1 tasane tassitäis tainast. Pühkige servad ettevaatlikult puhtaks, seejärel asetage purgid küpsetusplaadile (või nad kukuvad ümber) ahju keskele. Küpseta 40 minutit. Hoidke kaaned kuumas vees kuni kasutamiseni.

f) Kui koogid on valmis, eemaldage ükshaaval ahjust kuumad purgid. Kui veljed vajavad puhastamist, kasutage niisutatud paberrätikut. Asetage kaaned ja rõngad ettevaatlikult paika, seejärel keerake pealsed tihedalt kinni. Asetage purgid restile; jahtudes sulguvad.

g) Kui purgid on jahtunud, kaunistage need ümmarguste riidetükkidega ja seejärel liimige need lilledele, paeltele jne purgi kaanele, rõngale ja küljele. Keerake rõngas lahti (kaas peaks nüüdseks olema suletud) ja asetage kaane peale mõned vatitükid, seejärel riidetükk ja keerake rõngas tagasi.

h) Kaunista vastavalt soovile.

Troopiline omlett

KOOSTISOSAD:
- 3 muna
- 2 spl kookospiima
- ¼ tassi kuubikuteks lõigatud ananassi
- ¼ tassi kuubikuteks lõigatud paprikat
- ¼ tassi kuubikuteks lõigatud punast sibulat
- ¼ tassi riivitud juustu (cheddar või mozzarella)
- 1 spl hakitud värsket koriandrit
- Sool ja pipar maitse järgi
- Küpsetamiseks või või õli

JUHISED:
a) Vahusta kausis munad, kookospiim, sool ja pipar.
b) Kuumuta mittenakkuva pann keskmisel kuumusel ja lisa veidi võid või õli, et pind katta.
c) Vala munasegu pannile ja lase minut aega küpseda, kuni servad hakkavad tahenema.
d) Puista poolele omletile kuubikuteks lõigatud ananass, paprika, punane sibul, riivitud juust ja hakitud koriander.
e) Voldi spaatliga teine pool omletist täidise peale.
f) Küpseta veel minut või kuni juust sulab ja omlett on läbi küpsenud.
g) Libista omlett taldrikule ja serveeri kuumalt.
h) Nautige maitsva omleti troopilisi maitseid!

.Kuldsed vahvlid troopiliste puuviljadega

KOOSTISOSAD:
DATE VÕI
- 1 pulk soolata võid, toasoe
- 1 tass jämedalt hakitud kivideta datleid

VAHVELID
- 1 ½ tassi universaalset jahu
- 1 tass jämedalt jahvatatud mannajahu
- ¼ tassi granuleeritud suhkrut
- 2 ½ teelusikatäit küpsetuspulbrit
- ½ tl söögisoodat
- ¾ tl jämedat soola
- 1 ¾ tassi täispiima, toatemperatuur
- ⅓ tassi hapukoort, toatemperatuur
- 1 pulk soolata võid, sulatatud
- 2 suurt muna, toasoe
- 1 tl puhast vaniljeekstrakti
- Taimeõli keedusprei
- Serveerimiseks viilutatud kiivid ja tsitrusviljad, hakitud pistaatsiapähklid ja puhas vahtrasiirup

JUHISED:
DATE VÕI:
a) Puljonge või ja datlid köögikombainis, kraapides paar korda külgi allapoole, kuni need on ühtlased ja kombineeritud. Datlivõid saab valmistada kuni nädal ette ja hoida külmkapis; soojendage enne kasutamist toatemperatuurile.

VAHvlid:
b) Vahusta suures kausis jahu, suhkur, küpsetuspulber, sooda ja sool. Vahusta eraldi kausis piim, hapukoor, või, munad ja vanill.
c) Klopi piimasegu jahusegu hulka lihtsalt segunemiseks.
d) Eelsoojenda vahvliraud. Katke õhukese kihiga küpsetussprei. Valage 1 ¼ tassi tainast vahvli kohta triikraua keskele, et see leviks peaaegu servadeni.
e) Sulgege kaas ja küpseta kuldpruuniks ja krõbedaks 6–7 minutit.
f) Eemaldage triikrauast ja visake kiiresti mitu korda käte vahel, et aur vabaneks ja säiliks krõbedus, seejärel asetage ääristatud küpsetusplaadile asetatud restile. serveerimiseni hoida soojas 225 kraadises ahjus.
g) Partiide vahel korrake triikraua katmist rohkema toiduvalmistamispihustiga.

Serveeri datlivõi, puuviljade, pistaatsiapähklite ja siirupiga.

21. Troopiliste puuviljadega krepid

KOOSTISOSAD:
- 4 untsi Tavalist jahu, sõelutud
- 1 näputäis soola
- 1 tl tuhksuhkrut
- 1 muna pluss üks munakollane
- ½ pint piima
- 2 spl sulatatud võid
- 4 untsi suhkrut
- 2 supilusikatäit brändit või rummi
- 2½ tassi troopiliste puuviljade segu

JUHISED:
a) Crêpe-taigna valmistamiseks pane jahu, sool ja tuhksuhkur kaussi ning sega läbi.
b) Klopi juurde järk-järgult munad, piim ja või. Lase seista vähemalt 2 tundi.
c) Kuumutage kergelt rasvainega määritud pann, segage tainas ja kasutage 8 kreppi valmistamiseks. Hoidke soojas.
d) Täidise valmistamiseks pane troopiliste puuviljade segu koos suhkruga kastrulisse ja kuumuta õrnalt, kuni suhkur lahustub.
e) Kuumuta keemiseni ja kuumuta, kuni suhkur karamelliseerub. Lisa brändi.
f) Täida iga krepp puuviljaga ja serveeri kohe koore või creme fraiche'ga.

22.Troopiline kookosepuding

KOOSTISOSAD:
- ¾ tassi vanaaegset gluteenivaba kaera
- ½ tassi magustamata hakitud kookospähklit
- 2 tassi vett
- 1¼ tassi kookospiima
- ½ tl jahvatatud kaneeli
- 1 banaan, viilutatud

JUHISED:
a) Sega kausi abil kaer, kookospähkel ja vesi. Kata ja jahuta üleöö.
b) Tõsta segu väikesesse kastrulisse.
c) Lisa piim ja kaneel ning hauta keskmisel kuumusel umbes 12 minutit.
d) Eemaldage tulelt ja laske 5 minutit seista.
e) Jaga 2 kausi vahel ja tõsta peale banaaniviilud.

23. Troopiline Acai Bowl

KOOSTISOSAD:
- 2 külmutatud acai pakki
- 1 küps banaan
- ½ tassi külmutatud segatud marju
- ½ tassi kookosvett või mandlipiima
- Lisandid: viilutatud banaan, kiivi, marjad, granola, kookoshelbed

JUHISED:
a) Blenderis blenderis külmutatud acai pakid, küps banaan, külmutatud segatud marjad ja kookosvesi või mandlipiim ühtlaseks ja paksuks massiks.
b) Vala acai segu kaussi.
c) Kõige peale lisa viilutatud banaan, kiivi, marjad, granola ja kookoshelbed.
d) Laota lisandid vastavalt soovile acai segu peale.
e) Serveeri kohe ja naudi värskendavat ja toitvat troopilist acai kaussi!

24. Kookose banaanileib

KOOSTISOSAD:
- 2 küpset banaani, püreestatud
- ½ tassi kookospiima
- ¼ tassi sulatatud kookosõli
- ¼ tassi mett või vahtrasiirupit
- 1 tl vaniljeekstrakti
- 1 ¾ tassi universaalset jahu
- 1 tl küpsetuspulbrit
- ½ tl söögisoodat
- ¼ teelusikatäit soola
- ¼ tassi hakitud kookospähklit
- Valikuline: ½ tassi hakitud troopilisi pähkleid

JUHISED:
a) Kuumuta ahi temperatuurini 350 °F (175 °C) ja määri pätsivorm.
b) Segage suures kausis püreestatud banaanid, kookospiim, sulatatud kookosõli, mesi või vahtrasiirup ja vaniljeekstrakt. Sega hästi.
c) Vahusta eraldi kausis jahu, küpsetuspulber, sooda ja sool.
d) Lisage kuivained järk-järgult märgadele koostisosadele, segades, kuni need on lihtsalt segunenud.
e) Murra sisse hakitud kookospähkel ja hakitud pähklid (kui kasutad).
f) Vala tainas ettevalmistatud leivavormi ja aja ühtlaselt laiali.
g) Küpseta 45–55 minutit või kuni keskele torgatud hambaork tuleb puhtana välja.
h) Võta ahjust välja ja lase kookosbanaanileival pannil paar minutit jahtuda.
i) Tõsta leib restile täielikult jahtuma.
j) Viiluta ja serveeri maitsev troopiline kookosbanaanileib.

25.Troopilised hommikusöögi tacod

KOOSTISOSAD:
- 4 väikest maisi tortillat
- 4 muna, vahupuder
- ½ tassi kuubikuteks lõigatud ananassi
- ¼ tassi kuubikuteks lõigatud punast paprikat
- ¼ tassi kuubikuteks lõigatud punast sibulat
- ¼ tassi hakitud värsket koriandrit
- 1 laimi mahl
- Sool ja pipar maitse järgi
- Soovi korral lisandid: viilutatud avokaado, salsa, kuum kaste

JUHISED:
a) Sega kausis kuubikuteks lõigatud ananass, punane paprika, punane sibul, koriander, laimimahl, sool ja pipar. Sega hästi.
b) Soojendage maisitortillasid pannil või mikrolaineahjus.
c) Täida iga tortilla munapuder ja lisa troopilise ananassi salsaga.
d) Lisage valikulisi lisandeid, nagu viilutatud avokaado, salsa või kuum kaste.
e) Serveeri maitsvaid troopilisi hommikusöögi tacosid.

26. Troopiline avokaado röstsai

KOOSTISOSAD:
- 2 viilu täisteraleiba, röstitud
- 1 küps avokaado, kooritud ja kivideta
- ½ laimi mahl
- ¼ tassi kuubikuteks lõigatud ananassi
- ¼ tassi tükeldatud mangot
- 1 spl hakitud värsket koriandrit
- Sool ja pipar maitse järgi
- Valikulised lisandid: viilutatud redis, mikrorohelised või fetajuust

JUHISED:
a) Püreesta kausis küps avokaado kahvliga.
b) Lisa laimimahl, tükeldatud ananass, tükeldatud mango, hakitud koriander, sool ja pipar.
c) Sega hästi, kuni kõik koostisosad on ühendatud.
d) Määri avokaadosegu ühtlaselt röstitud saiaviiludele.
e) Soovi korral lisage valikulisi katteid, nagu viilutatud redis, mikrorohelised või murendatud fetajuust.
f) Serveerige troopilist avokaado röstsaia maitsva ja rahuldava suupiste või kerge einena.
g) Nautige kreemjat avokaadot koos magusate ja teravate troopiliste puuviljadega!

SUUPISTED

.Piña Colada koor

KOOSTISOSAD:

- 24 untsi mandli koor
- 1/2 tassi peeneks hakitud kuivatatud ananassi ja rohkem kaunistuseks
- 1/4 tassi röstitud kookospähklit ja rohkem kaunistuseks
- 1/2 tassi sulatatud kollast kommi sulab

JUHISED:

a) Sulata mandlikoor vastavalt pakendil olevatele juhistele. Sega hulka ananass ja kookospähkel.

b) Valage 9"x13" suurusesse fooliumiga kaetud pannile.

c) Sulata kommisulad ja lisa väikesed nukud üle kogu valge segu. Keerake hambaorku abil kollane valgeks.

d) Puista peale kaunistused ja kata kilega. Laske umbes 4 tundi häälestuda.

e) Lõika tükkideks ja naudi!

.Piña Colada energiapallid

KOOSTISOSAD:
- 1 tass Medjooli datleid, kivideta
- 1 tass magustamata hakitud kookospähklit
- 1/2 tassi india pähkleid
- 1/4 tassi ananassi tükke
- 1/4 tassi ananassimahla
- 1/2 tl vaniljeekstrakti
- Näputäis soola

JUHISED:
a) Vahusta köögikombainis datleid, hakitud kookospähklit, india pähkleid, ananassitükke, ananassimahla, vaniljeekstrakti ja soola, kuni moodustub kleepuv tainas.
b) Veereta tainas väikesteks pallideks.
c) Säilita energiapalle külmkapis kuni 1 nädal.

Piña Colada Granola baarid

KOOSTISOSAD:
- 2 tassi valtsitud kaera
- 1/2 tassi magustamata hakitud kookospähklit
- 1/4 tassi india pähkleid
- 1/4 tassi mandleid
- 1/4 tassi mett
- 1/4 tassi kookosõli
- 1/4 tassi ananassimahla
- 1/4 tassi ananassi tükke
- 1 tl vaniljeekstrakti

JUHISED:
a) Kuumuta ahi temperatuurini 350 °F.
b) Vooderda ahjuvorm küpsetuspaberiga.
c) Sega suures kausis valtsitud kaer, riivitud kookospähkel, india pähklid ja mandlid.
d) Vahusta eraldi kausis mesi, kookosõli, ananassimahl, ananassitükid ja vaniljeekstrakt.
e) Valage märjad koostisosad kuivadele koostisosadele ja segage, kuni need on hästi segunenud.
f) Vala segu ettevalmistatud ahjuvormi ja suru tugevalt alla.
g) Küpseta 20-25 minutit, kuni kuldpruun.
h) Laske granolabatoonidel enne ruutudeks lõikamist jahtuda.

.Piña Colada Rice Krispie maiuspalad

KOOSTISOSAD:
- 6 tassi Rice Krispie teravilja
- 1/4 tassi soolamata võid
- 1/4 tassi mett
- 1/4 tassi magustamata hakitud kookospähklit
- 1/4 tassi ananassimahla
- 1/4 tassi ananassi tükke

JUHISED:
a) Suures potis sulata madalal kuumusel või.
b) Lisage kastrulisse mesi, hakitud kookospähkel, ananassimahl ja ananassitükid ning segage, kuni need on hästi segunenud.
c) Lisa kastrulisse Rice Krispie teravilja ja sega, kuni teraviljad on seguga kaetud.
d) Vala segu võiga määritud 9x13-tollisse ahjuvormi ja suru tugevalt alla.
e) Enne ruutudeks lõikamist lase segul jahtuda.

.Piña Colada radade segu

KOOSTISOSAD:
- 1 tass röstitud india pähkleid
- 1 tass röstitud mandleid
- 1/2 tassi magustamata hakitud kookospähklit
- 1/2 tassi kuivatatud ananassi tükke
- 1/4 tassi valge šokolaadi laastud
- 1/4 tassi kookoslaaste

JUHISED:
a) Sega suures kausis india pähklid, mandlid, hakitud kookospähkel, kuivatatud ananassitükid, valge šokolaadi laastud ja kookoslaastud.
b) Hoidke jäljesegu õhukindlas anumas kuni 1 nädal.

Troopiline kokteil ceviche

KOOSTISOSAD:
- ¾ naela Snapper
- 1 nael kammkarbid; neljandikku
- 1 väike punane sibul; poolitatud, õhukesteks viiludeks
- ¼ tassi koriandrit; jämedalt hakitud
- 2 tassi mangot; kuubikuteks lõigatud
- 1½ tassi ananassi; kuubikuteks lõigatud
- Marinaad
- 1 tass laimimahla; värskelt pressitud
- 1 spl laimi koort; riivitud
- 1 tass riisiäädikat
- ¼ tassi suhkrut
- 1½ tl punase pipra helbed; maitsta
- 1½ teelusikatäit soola
- 2 tl koriandri seemet; purustatud

JUHISED:
a) Kombineerige marinaadi koostisosad suures klaasist või roostevabast terasest segamisnõus. Klopi kokku ja tõsta kõrvale.

b) Loputage kala ja kammkarbid külmas vees ning kuivatage paberrätikutega. Lisa kammkarbid marinaadile ja pane külmkappi. Lõika kala ½-tollisteks tükkideks ja lisa koos sibulaga marinaadile.

c) Segage õrnalt, katke ja hoidke enne serveerimist vähemalt 4 tundi külmkapis.

d) Segage aeg-ajalt, et marinaad tungiks ühtlaselt mereandide sisse. Selle hetkeni võib ceviche'i valmistada kuni 2 päeva ette. Umbes 30 minutit enne serveerimist segage koriander ja puuviljad ning pange roog serveerimiseks tagasi külmkappi.

e) Serveeri väikestes jahutatud kaussides või taldrikutes või pidulikuma välimuse saamiseks shotiklaasides või kokteilikummides.

Troopilise sidruni valgu hammustused

KOOSTISOSAD:
- 1¾ tassi india pähkleid
- ¼ tassi kookosjahu
- ¼ tassi magustamata hakitud kookospähklit
- 3 supilusikatäit tooreid kooritud kanepiseemneid
- 3 supilusikatäit vahtrasiirupit
- 3 spl värsket sidrunimahla

JUHISED:
a) Pane india pähklid köögikombaini ja töötle väga peeneks.
b) Lisa ülejäänud koostisosad ja töötle, kuni see on hästi segunenud.
c) Valage segu suurde kaussi.
d) Võtke taignast tükk ja suruge see palliks.
e) Jätkake pigistamist ja töötlemist paar korda, kuni moodustub pall ja on tahke.

.Troopiline kreeka pähkli pizza

KOOSTISOSAD:
- 1 valmis pitsakoor
- 1 supilusikatäit oliiviõli
- 13,5 untsi konteiner puuviljamaitselist toorjuustu
- 26 untsi purk mangoviile, nõrutatud ja tükeldatud
- ½ C. hakitud kreeka pähklid

JUHISED:
a) Küpseta pitsakoor ahjus vastavalt pakendi juhistele.
b) Määri koorik ühtlaselt õliga.
c) Määri koorikule toorjuust ning raputa peale hakitud mango ja pähklid.
d) Lõika meelepärasteks viiludeks ja serveeri.

Troopiliste puuviljade kabobid

KOOSTISOSAD:
- Erinevaid troopilisi puuvilju (ananass, mango, kiivi, banaan, papaia jne), lõigatud hammustavateks tükkideks
- Puidust vardad

JUHISED:
a) Keerake troopilised puuviljad puidust varrastele mis tahes mustriga.
b) Korrake ülejäänud puuviljade ja varrastega.
c) Serveerige troopiliste puuviljade kabobe niisama või kastmiseks koos jogurti või meega.
d) Nautige neid värvilisi ja toitvaid puuviljavardaid!

.Kookos-laimi popkorn

KOOSTISOSAD:
- ½ tassi popkorni tuuma
- 2 spl kookosõli
- 1 laimi koor ja mahl
- 2 supilusikatäit hakitud kookospähklit
- Soola maitse järgi

JUHISED:
a) Kuumuta kookosõli suures potis keskmisel kuumusel.
b) Lisa popkornituumad ja kata pott kaanega.
c) Põlemise vältimiseks raputage potti aeg-ajalt.
d) Kui hüppamine aeglustub, eemaldage pott tulelt ja laske sellel minut aega seista, et kõik tuumad oleksid paiskunud.
e) Sega väikeses kausis laimikoor, laimimahl, hakitud kookospähkel ja sool.
f) Nirista laimi-kookosesegu värskelt popkornile ja viska ühtlaseks katteks.
g) Nautige maitsvat ja troopilist kookos-laimi popkorni kerge ja maitsva suupistena!

Kookos-laimi guacamole

KOOSTISOSAD:
- 2 küpset avokaadot
- 1 laimi mahl
- 1 laimi koor
- 2 supilusikatäit hakitud värsket koriandrit
- 2 spl kuubikuteks hakitud punast sibulat
- 2 supilusikatäit hakitud kookospähklit
- Sool ja pipar maitse järgi

JUHISED:
a) Püreesta küpsed avokaadod kausis kahvliga kreemjaks.
b) Lisa laimimahl, laimikoor, hakitud koriander, kuubikuteks lõigatud punane sibul, hakitud kookospähkel, sool ja pipar.
c) Sega hästi, et kõik koostisosad seguneksid.
d) Maitse ja maitsesta vastavalt soovile.
e) Serveeri kookoslaimi guacamole koos tortillakrõpsudega või kasuta seda tacode, võileibade või salatite maitsva kattena.
f) Nautige selle troopilise guacamole kreemiseid ja teravaid maitseid!

Kookose krevetid

KOOSTISOSAD:
- 1 kilo krevette, kooritud ja tükeldatud
- ½ tassi universaalset jahu
- ½ tassi hakitud kookospähklit
- 2 muna, lahtiklopitud
- Sool ja pipar maitse järgi
- Toiduõli praadimiseks

JUHISED:
a) Segage madalas kausis universaalne jahu, hakitud kookospähkel, sool ja pipar.
b) Kastke kõik krevetid lahtiklopitud munadesse, laske üleliigsel maha tilkuda, ja määrige seejärel kookospähkliseguga.
c) Kuumuta toiduõli sügaval pannil või potis keskmisel-kõrgel kuumusel.
d) Prae kookospähkliga kaetud krevette partiidena kuldpruuniks ja krõbedaks, umbes 2-3 minutit mõlemalt poolt.
e) Eemalda krevetid õlist ja nõruta paberrätikutel.
f) Serveeri kookoskrevette maitsva troopilise eelroana või suupistena koos enda valitud dipikastmega, näiteks magusa tšillikastme või mangosalsaga.
g) Nautige krõbedaid ja maitsvaid kookoskrevette!

.Troopilise mango salsa kokkuvõtted

KOOSTISOSAD:
- 4 suurt jahutortillat
- 1 tass toorjuustu
- 1 tass mangosalsat
- ½ tassi hakitud salati- või spinatilehti

JUHISED:
a) Laota jahutortiljad puhtale pinnale.
b) Laota igale tortillale ühtlaselt kiht toorjuustu.
c) Tõsta mangosalsat lusikaga toorjuustukihile, aja laiali nii, et see kataks tortilla.
d) Puista salsa peale rebitud salati- või spinatilehti.
e) Rulli iga tortilla ühest otsast alustades tihedalt kokku.
f) Lõika iga rullitud tortilla hammustusesuurusteks ratasteks.
g) Serveerige troopilise mango salsa rullikuid maitsva ja värskendava suupiste või eelroana.
h) Nautige kreemja, terava ja troopilise maitse kombinatsiooni!

Grillitud ananassivardad

KOOSTISOSAD:
- 1 ananass, kooritud, puhastatud südamikust ja tükkideks lõigatud
- 2 spl mett või vahtrasiirupit
- 1 tl jahvatatud kaneeli
- Puidust vardas, leotatud vees 30 minutit

JUHISED:
a) Eelkuumuta grill või grillpann keskmisel kuumusel.
b) Sega väikeses kausis mesi või vahtrasiirup ja jahvatatud kaneel.
c) Tõsta ananassitükid puidust varrastele.
d) Pintselda ananass mee või vahtrasiirupi seguga, kattes kõik küljed.
e) Aseta ananassivardad eelsoojendatud grillile ja küpseta umbes 2-3 minutit mõlemalt poolt või kuni grilli jäljed ilmuvad ja ananass kergelt karamelliseerub.
f) Eemaldage grillilt ja laske neil paar minutit jahtuda.
g) Serveeri grillitud ananassivardaid magusa ja troopilise suupiste või magustoiduna.
h) Nautige grillitud ananassi suitsuseid ja karamelliseeritud maitseid!

Kookose banaanihammustused

KOOSTISOSAD:
- 2 banaani, kooritud ja tükkideks lõigatud
- ¼ tassi sulatatud tumedat šokolaadi
- ¼ tassi hakitud kookospähklit

JUHISED:
a) Vooderda ahjuplaat küpsetuspaberiga.
b) Kasta iga banaanitükk sulatatud tumedasse šokolaadi, kattes umbes poolenisti.
c) Veereta šokolaadiga kaetud banaani hakitud kookospähklis, kuni see on ühtlaselt kaetud.
d) Asetage kaetud banaanihammustused ettevalmistatud küpsetusplaadile.
e) Korrake ülejäänud banaanitükkidega.
f) Hoia külmkapis vähemalt 30 minutit või kuni šokolaad taheneb.
g) Serveeri kookospähkli banaanihammustusi veetleva troopilise suupiste või magustoiduna.
h) Naudi kreemja banaani, rikkaliku šokolaadi ja kookose kombinatsiooni!

.Troopiline jogurti kaste

KOOSTISOSAD:
- 1 tass kreeka jogurtit
- ½ tassi kuubikuteks lõigatud ananassi
- ½ tassi tükeldatud mangot
- ¼ tassi hakitud punast paprikat
- ¼ tassi hakitud punast sibulat
- ¼ tassi hakitud värsket koriandrit
- 1 spl laimimahla
- ½ tl küüslaugupulbrit
- Sool ja pipar maitse järgi

JUHISED:
a) Sega kausis kreeka jogurt, tükeldatud ananass, tükeldatud mango, hakitud punane paprika, hakitud punane sibul, hakitud koriander, laimimahl, küüslaugupulber, sool ja pipar.
b) Sega hästi, kuni kõik koostisosad on põhjalikult segunenud.
c) Maitse ja vajadusel kohanda maitseainet.
d) Serveeri troopilist dipikastet koos tortillakrõpsude, pitaleiva või köögiviljapulkadega.
e) Nautige seda kreemjat ja maitsvat troopilise hõnguga dippi!

. Troopiliste puuviljade salat

KOOSTISOSAD:
- 2 tassi kuubikuteks lõigatud ananassi
- 1 tass tükeldatud mangot
- 1 tass tükeldatud papaia
- 1 tass viilutatud kiivi
- 1 tass viilutatud maasikaid
- 1 spl värsket laimimahla
- 1 spl mett või vahtrasiirupit
- Soovi korral lisandid: hakitud kookospähkel või hakitud värske piparmünt

JUHISED:

a) Segage suures kausis kuubikuteks lõigatud ananass, tükeldatud mango, kuubikuteks lõigatud papaia, viilutatud kiivi ja viilutatud maasikad.

b) Vispelda väikeses kausis laimimahl ja mesi või vahtrasiirup.

c) Nirista laimikastet puuviljasalatile ja viska õrnalt katteks.

d) Valikuline: puista peale hakitud kookospähklit või hakitud värsket piparmünti, et lisada maitset ja kaunistada.

e) Serveeri troopiliste puuviljade salatit jahutatult värskendava ja tervisliku vahepalana.

f) Nautige selle troopilise segu erksaid ja mahlaseid maitseid!

g) Need 20 troopilise suupiste retsepti peaksid pakkuma teile mitmesuguseid maitsvaid ja maitsvaid valikuid. Ükskõik, kas otsite midagi magusat, soolast, kreemjat või krõmpsuvat, need retseptid rahuldavad kindlasti teie troopilise iha. Nautige!

PÕHIROOG

44. Piña Colada riis

KOOSTISOSAD:
- 1 tass Arborio riisi
- 1 spl kaneeli
- 5 untsi ananassipurki, purustatud
- oz kookospiima
- 1 tass kondenspiima
- 1 ½ tassi vett

JUHISED:
a) Lisa kiirpotti riis ja vesi ning sega korralikult läbi.
b) Sulgege pott kaanega ja keetke madalal kuumusel 12 minutit.
c) Vabastage rõhk kiirvabastusmeetodil, seejärel avage kaas.
d) Lisa ülejäänud koostisosad ja sega hästi.
e) Serveeri ja naudi.

45.Piña Colada puuviljasalat

KOOSTISOSAD:
- 2 tassi ananassi tükke
- 1 tass mango tükke
- 1/2 tassi hakitud kookospähklit
- 1/4 tassi ananassimahla
- 1 supilusikatäis mett
- Mündilehed kaunistuseks

JUHISED:
a) Sega suures kausis ananassitükid, mangotükid ja hakitud kookospähkel.
b) Kastme valmistamiseks vahusta eraldi kausis ananassimahl ja mesi.
c) Valage kaste puuviljasegule ja segage, kuni see on hästi segunenud.
d) Enne serveerimist kaunista piparmündilehtedega.

46. Grillitud Piña Colada kanavardad

KOOSTISOSAD:
- 4 kondita, nahata kanarinda, lõigatud 1-tollisteks kuubikuteks
- 1/2 tassi ananassimahla
- 1/2 tassi kookospiima
- 1/4 tassi tumedat rummi
- 1/4 tassi pruuni suhkrut
- 1/4 tassi sojakastet
- 1 spl laimimahla
- 1 supilusikatäis oliiviõli
- 1/2 teelusikatäit soola
- 1/4 tl musta pipart
- Kaunistuseks ananassitükid ja magustamata hakitud kookospähkel

JUHISED:
a) Sega kausis kokku ananassimahl, kookospiim, tume rumm, pruun suhkur, sojakaste, laimimahl, oliiviõli, sool ja must pipar.
b) Lisa kana segamisnõusse ja viska katteks.
c) Kata kauss ja marineeri külmkapis vähemalt 1 tund.
d) Kuumuta grill keskmisel-kõrgel kuumusel.
e) Tõsta kana varrastele vaheldumisi ananassitükkidega.
f) Grilli vardaid 8-10 minutit mõlemalt poolt, kuni kana on läbi küpsenud.
g) Enne serveerimist kaunista magustamata hakitud kookospähkliga.

47. Piña Colada köögiviljavardad

KOOSTISOSAD:
- 1 punane paprika, lõigatud hammustuse suurusteks tükkideks
- 1 roheline paprika, lõigatud hammustuste suurusteks tükkideks
- 1 kollane kõrvits, lõigatud hammustuse suurusteks tükkideks
- 1 suvikõrvits, lõigatud hammustuse suurusteks tükkideks
- 1 punane sibul, lõigatud hammustuse suurusteks tükkideks
- 1/2 tassi ananassimahla
- 1/2 tassi kookospiima
- 1 supilusikatäis tumedat rummi
- 1 supilusikatäis oliiviõli
- 1/2 tl jahvatatud köömneid
- 1/2 teelusikatäit paprikat
- 1/2 tl küüslaugupulbrit
- 1/2 teelusikatäit soola
- 1/4 tl musta pipart
- Ananassitükid vardasse ajamiseks
- Kaunistuseks magustamata hakitud kookospähkel

JUHISED:
a) Sega kausis kokku ananassimahl, kookospiim, tume rumm, oliiviõli, köömned, paprika, küüslaugupulber, sool ja must pipar.
b) Lisa köögiviljad segamisnõusse ja viska katteks.
c) Kata kauss kaanega ja marineeri külmkapis vähemalt 30 minutit.
d) Kuumuta grill keskmisel-kõrgel kuumusel.
e) Lõika köögiviljatükid ja ananassitükid varrastele.
f) Grilli vardaid 8-10 minutit, aeg-ajalt ümber pöörates, kuni köögiviljad on pehmed ja kergelt söestunud.
g) Serveeri vardaid kaunistuseks magustamata hakitud kookospähkliga.

48.Piña Colada krevetitacod

KOOSTISOSAD:
- 1 nael suuri krevette, kooritud ja tükeldatud
- 1/4 tassi ananassimahla
- 1/4 tassi kookospiima
- 1 supilusikatäis tumedat rummi
- 1 supilusikatäis oliiviõli
- 1/2 tl jahvatatud köömneid
- 1/2 teelusikatäit paprikat
- 1/2 tl küüslaugupulbrit
- 1/2 teelusikatäit soola
- 1/4 tl musta pipart
- Maisi tortillad
- Hakitud kapsas
- Ananassi tükid
- Magustamata hakitud kookospähkel
- Kaunistuseks koriander

JUHISED:
a) Sega kausis kokku ananassimahl, kookospiim, tume rumm, oliiviõli, köömned, paprika, küüslaugupulber, sool ja must pipar.
b) Lisa krevetid segamisnõusse ja viska katteks.
c) Kata kauss kaanega ja marineeri külmkapis vähemalt 30 minutit.
d) Kuumuta grill keskmisel-kõrgel kuumusel.
e) Grilli krevette 2-3 minutit mõlemalt poolt, kuni need on roosad ja läbi küpsenud.
f) Soojenda maisitortillad grillil.
g) Tacode kokkupanemiseks lisa igale tortillale hakitud kapsast ja grillitud krevette.
h) Kõige peale pane ananassitükid, magustamata hakitud kookospähkel ja koriander.
i) Serveeri kohe.

49. Piña Colada sea sisefilee

KOOSTISOSAD:
- 2 naela sea sisefileed
- 1/2 tassi ananassimahla
- 1/2 tassi kookospiima
- 1/4 tassi tumedat rummi
- 1/4 tassi pruuni suhkrut
- 1/4 tassi sojakastet
- 1 spl laimimahla
- 1 supilusikatäis oliiviõli
- 1/2 teelusikatäit soola
- 1/4 tl musta pipart
- Kaunistuseks ananassitükid ja magustamata hakitud kookospähkel

JUHISED:
a) Sega kausis kokku ananassimahl, kookospiim, tume rumm, pruun suhkur, sojakaste, laimimahl, oliiviõli, sool ja must pipar.
b) Aseta sea sisefilee suurde suletavasse kilekotti ja vala marinaad sealihale.
c) Sulgege kott ja marineerige külmkapis vähemalt 2 tundi või üleöö.
d) Kuumuta ahi temperatuurini 375 °F (190 °C).
e) Eemaldage sealiha marinaadist ja visake marinaad ära.
f) Kuumuta suur ahjukindel pann keskmisel-kõrgel kuumusel ja lisa 1 spl oliiviõli.
g) Prae sea sisefilee igast küljest kuldpruuniks, umbes 5 minutit.
h) Tõsta pann ahju ja küpseta 20–25 minutit, kuni sealiha sisetemperatuur jõuab 63 °C-ni.
i) Enne viilutamist laske sealihal 5-10 minutit puhata.
j) Serveeri ananassitükkide ja kaunistuseks magustamata riivitud kookospähkliga.

50.Piña Colada krevettidega praetud riis

KOOSTISOSAD:
- 1 nael suuri krevette, kooritud ja tükeldatud
- 3 tassi keedetud jasmiiniriisi, jahutatud
- 1/2 tassi külmutatud herneid ja porgandeid, sulatatud
- 1/2 tassi ananassi tükke
- 1/2 tassi magustamata hakitud kookospähklit
- 1/4 tassi kookospiima
- 1/4 tassi ananassimahla
- 1/4 tassi sojakastet
- 2 supilusikatäit tumedat rummi
- 2 supilusikatäit oliiviõli
- 2 küüslauguküünt, hakitud
- 2 muna, lahtiklopitud
- Sool ja must pipar maitse järgi
- Kaunistuseks koriander

JUHISED:
a) Sega kausis kokku kookospiim, ananassimahl, sojakaste ja tume rumm.
b) Kuumuta suur pann keskmisel-kõrgel kuumusel ja lisa 1 spl oliiviõli.
c) Lisa pannile krevetid ja küüslauk ning prae 2–3 minutit, kuni krevetid on roosad ja läbiküpsenud.
d) Eemaldage krevetid pannilt ja asetage kõrvale.
e) Lisa pannile 1 spl oliiviõli ja lisa lahtiklopitud munad.
f) Vahusta munad läbiküpseks ja tõsta koos krevettidega kõrvale.
g) Lisa pannile ülejäänud supilusikatäis oliiviõli ja lisa keedetud riis, herned ja porgandid ning ananassitükid.
h) Vala piña colada kaste riisile ja sega ühtlaseks.
i) Lisa pannile keedetud krevetid ja munad ning sega ühtlaseks.
j) Küpseta veel 2-3 minutit, kuni kõik on läbi kuumenenud.
k) Maitsesta soola ja musta pipraga maitse järgi.
l) Enne serveerimist kaunista magustamata hakitud kookospähkli ja koriandriga.

51.Piña Colada kalatacod

KOOSTISOSAD:
- 1 nael valget kala, näiteks tursk või tilapia
- 1/2 tassi ananassimahla
- 1/2 tassi kookospiima
- 1 supilusikatäis tumedat rummi
- 1 supilusikatäis oliiviõli
- 1/2 tl jahvatatud köömneid
- 1/2 teelusikatäit paprikat
- 1/2 tl küüslaugupulbrit
- 1/2 teelusikatäit soola
- 1/4 tl musta pipart
- Maisi tortillad
- Hakitud kapsas
- Ananassi tükid
- Magustamata hakitud kookospähkel
- Kaunistuseks koriander

JUHISED:
a) Sega kausis kokku ananassimahl, kookospiim, tume rumm, oliiviõli, köömned, paprika, küüslaugupulber, sool ja must pipar.
b) Lisa kala segamisnõusse ja viska katteks.
c) Kata kauss kaanega ja marineeri külmkapis vähemalt 30 minutit.
d) Kuumuta grill keskmisel-kõrgel kuumusel.
e) Grilli kala 2-3 minutit mõlemalt poolt, kuni see on läbi küpsenud.
f) Soojenda maisitortillad grillil.
g) 7. Pange tacod kokku, asetades igale tortillale paar kalatükki ja katke neile hakitud kapsast, ananassitükke, magustamata rebitud kookospähklit ja koriandrit.
h) Serveeri kohe.

52. Piña Colada glasuuritud sink

KOOSTISOSAD:
- 1 täielikult keedetud kondiga sink, umbes 8-10 naela
- 1 tass ananassimahla
- 1/2 tassi pruuni suhkrut
- 1/2 tassi mett
- 1/4 tassi tumedat rummi
- 2 supilusikatäit Dijoni sinepit
- 1 tl jahvatatud kaneeli
- 1/4 tl jahvatatud nelki
- Kaunistuseks ananassirõngad ja kirsid

JUHISED:
a) Kuumuta ahi temperatuurini 325 °F (163 °C).
b) Sega kausis kokku ananassimahl, pruun suhkur, mesi, tume rumm, Dijoni sinep, kaneel ja nelk.
c) Asetage sink röstimispannile ja pintseldage sink piña colada glasuuriga nii, et see oleks täielikult kaetud.
d) Küpseta sinki umbes 2-2,5 tundi, pestes glasuuriga iga 30 minuti järel.
e) Küpsetamise viimase 15 minuti jooksul aseta singi peale kaunistuseks ananassirõngad ja kirsid.
f) Enne nikerdamist ja serveerimist lase singil 10-15 minutit puhata.

53.Kreemjas troopiliste puuviljade salat

KOOSTISOSAD:
- 15,25 untsi purk troopiliste puuviljade salatit, nõrutatud
- 1 banaan, viilutatud
- 1 tass Külmutatud vahustatud kate, sulatatud

JUHISED:
a) Keskmises kausis ühendage kõik koostisosad.
b) Katmiseks segage õrnalt.

54.Troopiline ananassi kana

KOOSTISOSAD:
- 1 paprika
- 1 väike punane sibul
- 1 nael (450 g) kondita ja nahata kana rinnafileed
- 2 tassi suhkruherneid
- 1 purk (14 untsi/398 ml) ananassitükke mahlas
- 2 spl sulatatud kookosõli
- 1 pkg Troopilise ananassi kana maitseaine
- värske laimimahl

JUHISED:
a) Kuumuta ahi temperatuurini 425° F. Joondage lehtpann koos Sheet Pan Lineriga.
b) Viiluta paprika ja sibul. Segage suures kausis paprika, sibul, kanaliha, herned, ananassitükid (sh mahl), kookosõli ja maitseained. Viska, kuni see on hästi kaetud.
c) Laota pannile ühe kihina nii hästi kui saad. Rösti 16 minutit või kuni kana on läbi küpsenud.
d) Soovi korral viimistlege värske laimiga.

55.Maitske Tropicsi krevette

KOOSTISOSAD:
- 1 laim, pooleks lõigatud
- 1 pkg Troopilise ananassi kana maitseaine
- 1 spl sulatatud kookosõli
- 1 spl mett
- 2 paprikat, lõigatud tükkideks
- 1 väike suvikõrvits, viilutatud ½ tolli ringideks
- 2 tassi külmutatud mango tükke
- 1 nael külmutatud toorelt, kooritud krevetid, sulatatud

JUHISED:
a) Kuumuta ahi temperatuurini 425° F. Joondage lehtpann koos Sheet Pan Lineriga.
b) Kasutades 2-in-1 Citrus Press, pigistage laimist mahl suurde kaussi.
c) Lisa maitseained, õli ja mesi. Sega segamiseks.
d) Asetage paprika, suvikõrvits ja mango pannile.
e) Vala pool kastmest peale.
f) Kasuta tangidega, viska katmiseks.
g) Pane ahju ja rösti 10 min.
h) Vahepeal lisa krevetid kaussi koos ülejäänud kastmega; viska mantlile.
i) Eemaldage pann ahjust; lisa krevetid ühe kihina nii hästi kui võimalik.
j) Rösti 3–4 minutit või kuni krevetid on küpsed.

56.Kariibi mere grillitud sealiha troopilise salsaga

KOOSTISOSAD:
SALSA:
- 1 väike ananass, kooritud, südamik ja kuubikuteks lõigatud
- 1 keskmine apelsin, kooritud ja kuubikuteks lõigatud
- 2 supilusikatäit värsket koriandrit, hakitud
- Mahla poole värske laimi

Sealiha:
- ½ supilusikatäit pruuni suhkrut
- 2 tl hakitud küüslauku
- 2 tl hakitud ingverit
- 2 tl jahvatatud köömneid
- 2 tl jahvatatud koriandrit
- ½ tl kurkumit
- 2 spl rapsiõli
- 6 seafilee karbonaad

JUHISED:
a) Valmistage salsat, kombineerides kausis ananassi, apelsini, koriandrit ja laimimahla. Kõrvale panema. Võib valmistada kuni 2 päeva ette ja hoida külmkapis.
b) Sega väikeses kausis pruuni suhkru segu, küüslauk, ingver, köömned, koriander ja kurkum.
c) Pintselda sealiha kotlette mõlemad pooled rapsiõliga ja määri mõlemale poolele.
d) Kuumuta grill keskmiseks kõrgeks. Asetage sealihatükid grillile umbes 5 minutiks mõlemalt poolt või kuni need on küpsetatud sisetemperatuurini 160 °F.
e) Serveeri iga karbonaad koos ⅓ tassi salsaga.

57. Homaari saba grillitud troopiliste puuviljadega

KOOSTISOSAD:
- 4 bambusest või metallist varrast
- ¾ kuldne ananass, kooritud, puhastatud südamikust ja lõigatud 1-tollisteks viiludeks
- 2 banaani, kooritud ja lõigatud risti kaheksaks 1-tolliseks tükiks
- 1 mango, kooritud, kivideta ja 1-tollisteks kuubikuteks lõigatud
- 4 kivihomaari või suurt Maine'i homaari saba
- ¾ tassi magusat sojaglasuuri
- 1 tass võid, sulatatud
- 4 laimi viilu

JUHISED:
a) Kui grillid bambusvarrastega, siis leota neid vees vähemalt 30 minutit. Süütage grill otsese mõõduka kuumuse jaoks, umbes 350¼F.
b) Varraste vaheldumisi ananassi-, banaani- ja mangotükke varrastele, kasutades iga puuvilja kohta umbes 2 tükki.
c) Liblika homaari sabad, poolitades iga saba pikuti läbi ümara ülemise kesta ja liha, jättes lameda põhja kesta puutumata. Kui kest on väga kõva, kasutage ümara kesta lõikamiseks köögikääre ja liha lõikamiseks nuga.
d) Avage saba õrnalt, et liha paljastada.
e) Pintselda sojaglasuuriga kergelt puuviljavardad ja homaariliha. Pintselda grillrest ja määri õliga. Asetage homaari sabad, lihapool all, otse tulele ja grillige, kuni need on kaunilt märgistatud, 3–4 minutit. Suru sabad spaatli või tangidega grillrestile, et liha kõrbeks. Pöörake ja grillige, kuni liha on sojaglasuuriga üle pestud, kuni liha on täpselt tihke ja valge, veel 5–7 minutit.
f) Samal ajal grillige puuviljavardaid koos homaariga, kuni need on kaunilt märgistatud, umbes 3–4 minutit mõlemalt poolt.
g) Serveeri koos sulatatud või ja pigistamiseks laimiviiludega.

58.Troopiline musta oa salat mangoga

KOOSTISOSAD:
- 3 tassi keedetud musti ube, nõruta ja loputa
- ½ tassi hakitud punast paprikat
- ¼ tassi hakitud punast sibulat
- ¼ tassi hakitud värsket koriandrit
- 1 jalapeño, seemnete ja hakitud (valikuline)
- 3 spl viinamarjaseemneõli
- 2 spl värsket laimimahla
- 2 tl agaavinektarit
- ¼ teelusikatäit soola
- ⅛ tl jahvatatud cayenne'i

JUHISED:
a) Segage suures kausis oad, mango, paprika, sibul, koriander ja jalapeño, kui kasutate, ning pange kõrvale.
b) Vahusta väikeses kausis õli, laimimahl, agaavinektar, sool ja Cayenne. Vala kaste salatile ja sega korralikult läbi.
c) Tõsta 20 minutiks külmkappi ja serveeri.

59. Troopiline riisikauss

KOOSTISOSAD:
KAUSS
- 1 bataat, kooritud ja hakitud näksimissuurusteks tükkideks
- 1 spl ekstra neitsioliiviõli
- 2 tassi jasmiini riisi, keedetud
- 1 ananass, kooritud, puhastatud südamikust ja hakitud tükkideks
- ¼ tassi india pähkleid
- 4 supilusikatäit tooreid kooritud kanepiseemneid

MAGUSHAPU KASTE
- 1 spl maisitärklist
- ½ tassi tükeldatud ananassi
- ¼ tassi riisiäädikat
- ⅓ tassi helepruuni suhkrut
- 3 supilusikatäit ketšupit
- 2 tl sojakastet

JUHISED:
MAGUS KARTUL
a) Kuumuta ahi 425ºF-ni.
b) Viska bataat õliga läbi. Aseta küpsetusplaadile ja rösti 30 minutit.
c) Võta ahjust välja ja lase jahtuda.

MAGUSHAPU KASTE
d) Vispelda väikeses kausis kokku maisitärklis ja 1 spl vett. Kõrvale panema.
e) Lisa blenderisse ananass ja ¼ tassi vett. Blenderda kuni segu on võimalikult ühtlane.
f) Lisage ananassisegu, riisiäädikas, pruun suhkur, ketšup ja sojakaste keskmisesse kastrulisse.
g) Kuumuta keskmisel-kõrgel kuumusel keemiseni.
h) Segage maisitärklise segu ja küpseta kuni paksenemiseni, umbes minut. Tõsta tulelt ja tõsta kausside kokkupanemise ajaks kõrvale.

KOOSTAMINE
i) Asetage riis iga kausi põhja. Lisa rida ananassi, india pähkleid, kanepiseemneid ja maguskartulit.
j) Kõige peale vala magushapu kaste.

60.Troopilised sealiha kebabid

KOOSTISOSAD:
- 8 puidust või metallist varrast
- 2 naela seafilee, lõigatud 1-tollisteks tükkideks
- 2 suurt punast paprikat, südamikust puhastatud, puhastatud ja 8 tükiks lõigatud
- 1 roheline paprika, südamikust puhastatud, puhastatud ja 8 tükiks lõigatud
- ½ värsket ananassi, lõigake neljaks osaks ja seejärel viiludeks
- ½ tassi mett
- ½ tassi laimimahla
- 2 tl riivitud laimikoort
- 3 küüslauguküünt, hakitud
- ¼ tassi kollast sinepit
- 1 tl soola
- ¼ tl musta pipart

JUHISED:
a) Kui kasutate puidust vardaid, leotage neid 15–20 minutit vees.
b) Varrastage iga vardas vaheldumisi sealihatükkide, 2 punase paprika tüki, 1 rohelise paprika tüki ja 2 ananassiviiluga.
c) 9" x 13" ahjuvormis segage mesi, laimimahl, riivitud laimikoor, küüslauk, kollane sinep, sool ja must pipar; sega hästi. Asetage kebabid ahjuvormi ja pöörake marinaadiga katmiseks. Kata kaanega ja hoia aeg-ajalt keerates vähemalt 4 tundi või üleöö külmkapis.
d) Kuumuta grill mõõdukalt kõrgele kuumusele. Määri kebabid marinaadiga; visake üleliigne marinaad ära.
e) Grillige kebabi 7–9 minutit või seni, kuni sealiha ei ole enam roosa, pöörates sageli igast küljest küpsetamiseks.

61. Jamaica Jerk Pork

KOOSTISOSAD:
- 2 naela sea sisefileed, lõigatud kuubikuteks või ribadeks
- 3 spl Jamaica jerk maitseainet
- 2 spl taimeõli
- 2 spl laimimahla
- 2 spl sojakastet
- 2 spl pruuni suhkrut
- 2 küüslauguküünt, hakitud
- 1 tl riivitud ingverit
- Sool ja pipar maitse järgi

JUHISED:
a) Sega kausis Jamaica jerk-maitseaine, taimeõli, laimimahl, sojakaste, pruun suhkur, hakitud küüslauk, riivitud ingver, sool ja pipar.
b) Lisa kaussi sea sisefilee kuubikud või -ribad ja sega ühtlaselt marinaadiga.
c) Kata kauss kaanega ja pane külmkappi vähemalt 1 tunniks või intensiivsema maitse saavutamiseks üle öö.
d) Eelkuumuta grill või grillpann keskmisel-kõrgel kuumusel.
e) Eemaldage sealiha marinaadist, raputage üleliigne maha.
f) Grilli sealiha umbes 4-6 minutit mõlemalt poolt või kuni see on läbiküpsenud ja kenasti söestunud.
g) Määri sealiha grillimise ajal järelejäänud marinaadiga.
h) Pärast küpsetamist tõsta sealiha serveerimisvaagnale ja lase paar minutit puhata.
i) Serveeri Jamaica jerk sealiha vürtsika ja maitseka troopilise pearoana.
j) Nautige jerk-maitseaine suitsuseid ja aromaatseid maitseid!

62. Mango karri tofu

KOOSTISOSAD:
- 1 plokk (14 untsi) kõva tofu, nõruta ja lõika kuubikuteks
- 1 spl taimeõli
- 1 sibul, viilutatud
- 2 küüslauguküünt, hakitud
- 1 spl karripulbrit
- 1 tl jahvatatud köömneid
- ½ tl jahvatatud kurkumit
- ½ tl jahvatatud koriandrit
- ¼ tl Cayenne'i pipart (maitse järgi)
- 1 purk (14 untsi) kookospiima
- 1 küps mango, kooritud, kivideta ja kuubikuteks lõigatud
- 1 spl laimimahla
- Soola maitse järgi
- Kaunistuseks hakitud värsket koriandrit
- Serveerimiseks keedetud riis või naanileib

JUHISED:
a) Kuumuta taimeõli suurel pannil või wokis keskmisel kuumusel.
b) Lisa viilutatud sibul ja hakitud küüslauk ning prae 2–3 minutit, kuni need on pehmed ja lõhnavad.
c) Lisa karripulber, jahvatatud köömned, jahvatatud kurkum, jahvatatud koriander ja cayenne'i pipar. Sega hästi, et sibul ja küüslauk oleks vürtsidega kaetud.
d) Lisa pannile kuubikuteks lõigatud tofu ja küpseta 3-4 minutit, kuni see on kergelt pruunistunud.
e) Vala sisse kookospiim ja lase keema tõusta.
f) Lisa pannile tükeldatud mango ja laimimahl ning maitsesta maitse järgi soolaga.
g) Hauta 5-6 minutit, kuni tofu on läbi kuumenenud ja maitsed segunenud.
h) Kaunista hakitud värske koriandriga.
i) Serveeri mango-karri tofut keedetud riisi või naanileivaga, et saada rahuldav troopiline pearoog.

j) Naudi kreemjat ja aromaatset mangokarrit koos õrna tofu ja lõhnavate vürtsidega!

63.Kariibi mere musta oa ja mango kinoa salat

KOOSTISOSAD:
- 1 tass keedetud kinoat, jahutatud
- 1 purk (15 untsi) musti ube, loputatud ja nõrutatud
- 1 küps mango, kooritud, kivideta ja kuubikuteks lõigatud
- 1 punane paprika, tükeldatud
- ¼ tassi hakitud punast sibulat
- ¼ tassi hakitud värsket koriandrit
- 1 laimi mahl
- 2 spl oliiviõli
- 1 tl jahvatatud köömneid
- Sool ja pipar maitse järgi

JUHISED:
a) Segage suures kausis keedetud kinoa, mustad oad, tükeldatud mango, tükeldatud punane paprika, hakitud punane sibul ja hakitud värske koriander.
b) Vahusta väikeses kausis laimimahl, oliiviõli, jahvatatud köömned, sool ja pipar.
c) Vala kaste kinoa segule ja sega ühtlaseks.
d) Vajadusel reguleeri maitsestamist.
e) Kata kauss ja pane vähemalt 30 minutiks külmkappi, et maitsed seguneksid.
f) Enne serveerimist loksuta salatit õrnalt, et kõik koostisosad oleksid hästi segunenud.
g) Serveeri Kariibi mere musta oa ja mango kinoa salatit värskendava ja toitva troopilise pearoana.
h) Naudi valgurikaste mustade ubade, mahlase mango ja lõhnava koriandri kombinatsiooni igas suutäies!

64. Hawaii Teriyaki kana

KOOSTISOSAD:
- 4 kondita, nahata kanakintsu
- ¼ tassi sojakastet
- ¼ tassi ananassimahla
- 2 supilusikatäit mett
- 2 spl riisiäädikat
- 1 spl seesamiõli
- 2 küüslauguküünt, hakitud
- 1 tl riivitud ingverit
- Kaunistuseks ananassiviilud
- Kaunistuseks hakitud roheline sibul

JUHISED:
a) Sega kausis kokku sojakaste, ananassimahl, mesi, riisiäädikas, seesamiõli, hakitud küüslauk ja riivitud ingver.
b) Aseta kanakintsud madalasse nõusse ja kalla peale marinaad. Veenduge, et kana oleks ühtlaselt kaetud.
c) Kata roog kaanega ja pane külmkappi vähemalt 1 tunniks või intensiivsema maitse saavutamiseks üle öö.
d) Eelkuumuta grill või grillpann keskmisel-kõrgel kuumusel.
e) Eemaldage kanakintsud marinaadist, raputage üleliigne.
f) Grilli kana umbes 5-6 minutit mõlemalt poolt või kuni see on läbiküpsenud ja kenasti söestunud.
g) Määri kana grillimise ajal ülejäänud marinaadiga.
h) Pärast küpsetamist tõsta kana serveerimistaldrikule ja lase paar minutit puhata.
i) Kaunista ananassiviilude ja hakitud rohelise sibulaga.
j) Serveerige Hawaii teriyaki kana troopikast inspireeritud pearoana.
k) Nautige õrna ja maitsvat kana magusa ja vürtsika teriyaki glasuuriga!

65. Kookos-laimi krevettide karri

KOOSTISOSAD:
- 1 kilo krevette, kooritud ja tükeldatud
- 1 purk (13,5 untsi) kookospiima
- 2 laimi mahl ja koor
- 2 spl Tai rohelist karripastat
- 1 spl kalakastet
- 1 spl pruuni suhkrut
- 1 punane paprika, viilutatud
- 1 suvikõrvits, viilutatud
- 1 tass kipsherneid
- 1 spl taimeõli
- Kaunistuseks värske koriander
- Serveerimiseks keedetud riis

JUHISED:
a) Kuumuta taimeõli suurel pannil või wokis keskmisel kuumusel.
b) Lisa pannile Tai roheline karripasta ja küpseta 1 minut, kuni see lõhnab.
c) Valage kookospiim ja segage hästi, et see seguneks karripastaga.
d) Lisa kalakaste, pruun suhkur, laimimahl ja laimikoor. Sega kuni lahustumiseni.
e) Lisa pannile viilutatud punane paprika, suvikõrvits ja herned. Segage, et köögiviljad kataks karrikastmega.
f) Hauta 5-6 minutit, kuni köögiviljad on pehmed.
g) Lisa krevetid pannile ja küpseta veel 3-4 minutit, kuni krevetid on roosad ja läbi küpsenud.
h) Tõsta tulelt ja kaunista värske koriandriga.
i) Serveeri kookos-laimi-krevettide karrit keedetud riisiga, et saada maitsev ja aromaatne troopiline eine.
j) Naudi kreemjat kookose-karri kastet mahlakate krevettide ja krõbedate köögiviljadega!

66.Jamaica karrikits

KOOSTISOSAD:
- 2 naela kitseliha, lõigatud kuubikuteks
- 2 spl Jamaica karripulbrit
- 1 sibul, hakitud
- 3 küüslauguküünt, hakitud
- 1 scotch paprika, seemned eemaldatud ja hakitud
- 1 spl taimeõli
- 2 tassi kookospiima
- 2 tassi vett
- 2 oksa värsket tüümiani
- Sool ja pipar maitse järgi
- Serveerimiseks keedetud riis või roti

JUHISED:
a) Maitsesta kitseliha kausis Jamaica karripulbri, soola ja pipraga. Viska, et liha oleks ühtlaselt kaetud.
b) Kuumutage taimeõli suures potis või Hollandi ahjus keskmisel kuumusel.
c) Lisa potti maitsestatud kitseliha ja pruunista see igast küljest. Eemaldage liha potist ja asetage see kõrvale.
d) Lisa samasse potti hakitud sibul, hakitud küüslauk ja hakitud scotch bonnet pipar (kui kasutad). Prae 2-3 minutit, kuni sibul on läbipaistev ja lõhnav.
e) Pange pruunistatud kitseliha tagasi potti ja segage, et see seguneks sibula ja küüslauguga.
f) Vala sisse kookospiim ja vesi. Segage hästi, et vedelikud seguneksid.
g) Lisa potti värsked tüümianioksad ja lase segul keema tõusta.
h) Alanda kuumust, kata pott kaanega ja lase podiseda umbes 2-3 tundi või kuni kitseliha on pehme ja maitsev. Sega aeg-ajalt, et vältida kleepumist.
i) Maitsesta maitse järgi soola ja pipraga.
j) Serveeri Jamaica karrikitse keedetud riisiga või koos rotiga, et saada autentne ja rammus troopiline pearoog.
k) Nautige karriga kaetud kitseliha rikkalikke ja aromaatseid maitseid!

67.Kariibi mere stiilis kalatacod

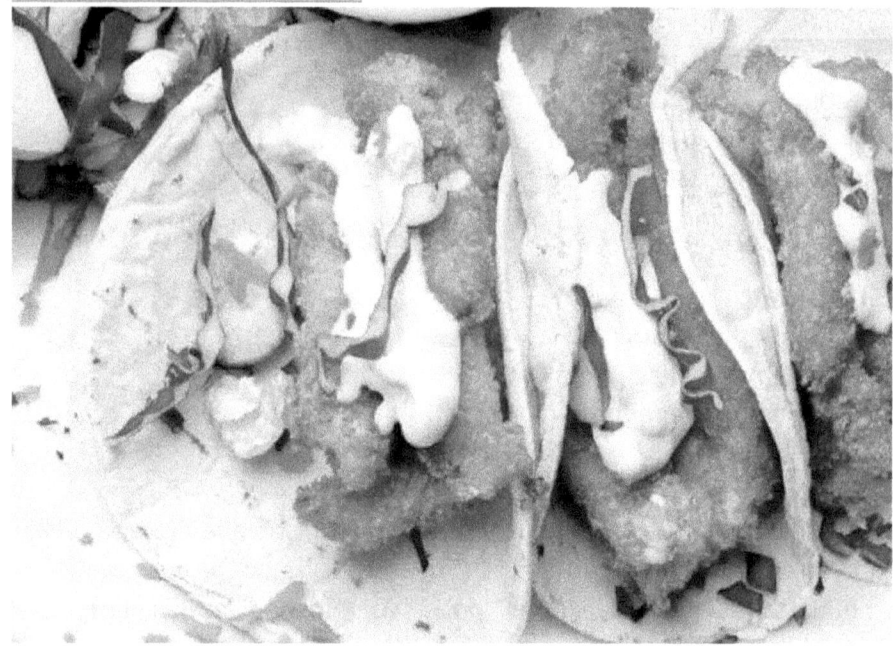

KOOSTISOSAD:
- 1 nael valget kalafileed (nt tursk või tilaapia)
- ¼ tassi universaalset jahu
- 1 supilusikatäis Kariibi mere jerk maitseainet
- ½ tl soola
- ¼ tl musta pipart
- 2 spl taimeõli
- 8 väikest tortillat
- Rebitud salat
- Viilutatud avokaado
- Tükeldatud värske koriander
- Serveerimiseks laimiviilud

JUHISED:
a) Sega madalas tassis kokku jahu, Kariibi mere maitseaine, sool ja must pipar.
b) Suru kalafileed jahusegusse, raputades maha kõik üleliigsed.
c) Kuumutage taimeõli suurel pannil keskmisel kuumusel.
d) Lisa pannile kaetud kalafileed ja küpseta umbes 3-4 minutit mõlemalt poolt või kuni kala on küps ja kuldpruun.
e) Eemaldage kala pannilt ja laske paar minutit puhata.
f) Soojendage tortillasid kuival pannil või mikrolaineahjus.
g) Helvestage keedetud kala ja jagage see tortillade vahel.
h) Lisa kalale hakitud salat, viilutatud avokaado ja hakitud värske koriander.
i) Pigista lisanditele peale värsket laimimahla.
j) Serveerige Kariibi mere stiilis kalatacosid troopilise ja maitsva pearoana.
k) Nautige krõbedat ja maitsestatud kala värskete ja särtsakate lisanditega!

68. Mango glasuuritud lõhe

KOOSTISOSAD:
- 4 lõhefileed
- 1 küps mango, kooritud, kivideta ja püreestatud
- 2 spl sojakastet
- 2 supilusikatäit mett
- 2 spl laimimahla
- 2 küüslauguküünt, hakitud
- 1 tl riivitud ingverit
- Sool ja pipar maitse järgi
- Kaunistuseks hakitud värsket koriandrit

JUHISED:
a) Kuumuta ahi temperatuurini 375 °F (190 °C).
b) Sega kausis kokku mangopüree, sojakaste, mesi, laimimahl, hakitud küüslauk, riivitud ingver, sool ja pipar.
c) Aseta lõhefileed ahjuvormi ja vala peale mangoglasuur. Veenduge, et lõhe oleks ühtlaselt kaetud.
d) Küpseta eelkuumutatud ahjus umbes 12-15 minutit või kuni lõhe on läbi küpsenud ja kahvliga kergesti helbed.
e) Määri lõhe küpsetamise ajal üks-kaks korda glasuuriga.
f) Kui lõhe on küpsetatud, eemaldage see ahjust ja laske sellel paar minutit puhata.
g) Kaunista hakitud värske koriandriga.
h) Serveeri mangoga glasuuritud lõhet troopilise ja maitseka pearoana.
i) Nautige mahlast ja magusat lõhet koos terava ja puuviljase mangoglasuuriga!

69.Kariibi mere köögiviljakarri

KOOSTISOSAD:
- 1 spl taimeõli
- 1 sibul, hakitud
- 2 küüslauguküünt, hakitud
- 1 punane paprika, tükeldatud
- 1 kollane paprika, tükeldatud
- 1 suvikõrvits, tükeldatud
- 1 maguskartul, kooritud ja kuubikuteks lõigatud
- 1 tass lillkapsa õisikuid
- 1 purk (14 untsi) kookospiima
- 2 spl Kariibi karripulbrit
- 1 tl jahvatatud köömneid
- 1 tl jahvatatud koriandrit
- ¼ tl Cayenne'i pipart (maitse järgi)
- Sool ja pipar maitse järgi
- Kaunistuseks hakitud värsket koriandrit
- Serveerimiseks keedetud riis või roti

JUHISED:
a) Kuumuta taimeõli suurel pannil või potis keskmisel kuumusel.
b) Lisa hakitud sibul ja hakitud küüslauk ning prae 2–3 minutit, kuni need on pehmed ja lõhnavad.
c) Lisa pannile kuubikuteks lõigatud punane ja kollane paprika, kuubikuteks lõigatud suvikõrvits, tükeldatud bataat ja lillkapsa õisikud. Sega, et köögiviljad oleks õliga kaetud.
d) Küpseta 5-6 minutit, kuni köögiviljad hakkavad pehmenema.
e) Sega väikeses kausis kokku Kariibi mere karripulber, jahvatatud köömned, jahvatatud koriander, Cayenne'i pipar, sool ja pipar.
f) Piserdage vürtsisegu pannil olevatele köögiviljadele ja segage hästi, et see kataks.
g) Valage kookospiim ja segage, et see seguneks vürtside ja köögiviljadega.
h) Kuumuta segu keema ja kata pann kaanega. Lase küpseda umbes 15-20 minutit või kuni köögiviljad on pehmed ja maitsed kokku sulanud.
i) Vajadusel reguleeri maitsestamist.
j) Kaunista hakitud värske koriandriga.
k) Serveeri Kariibi mere köögiviljakarrit keedetud riisiga või koos rotiga, et saada toekas ja maitsev troopiline pearoog.
l) Nautige karriga kaetud köögiviljade elavat ja aromaatset maitset!

70.Jerk Chicken mango salsaga

KOOSTISOSAD:
- 4 kondita, nahata kanarinda
- 2 spl Jamaica jerk maitseainet
- 2 spl taimeõli
- Sool ja pipar maitse järgi

MANGO SALSA:
- 1 küps mango, kooritud, kivideta ja kuubikuteks lõigatud
- ½ punast sibulat, peeneks hakitud
- ½ punast paprikat, peeneks hakitud
- ½ jalapeno pipart, seemned ja ribid eemaldatud, peeneks hakitud
- 1 laimi mahl
- 2 supilusikatäit hakitud värsket koriandrit
- Soola maitse järgi

JUHISED:
a) Kuumuta grill või grillpann keskmisele-kõrgele kuumusele.
b) Hõõruge kanarinda Jamaica jerk-maitseaine, taimeõli, soola ja pipraga.
c) Grilli kana umbes 6-8 minutit mõlemalt poolt või kuni see on läbiküpsenud ja kenasti söestunud. Sisetemperatuur peaks jõudma 74 °C (165 °F).
d) Tõsta kana grillilt ja lase paar minutit puhata.
e) Samal ajal valmistage mangosalsa, segades kausis tükeldatud mango, peeneks hakitud punane sibul, peeneks hakitud punane paprika, peeneks hakitud jalapeno pipar, laimimahl, hakitud värske koriander ja sool. Kombineerimiseks segage hästi.
f) Viiluta grillitud jerk-kana ja serveeri koos rikkaliku lusikatäie mangosalsaga.
g) Serveeri jerk-kana mangosalsaga troopilise ja vürtsika pearoana.
h) Nautige julget ja maitsvat jerk-maitseainet koos värskendava ja puuviljase mangosalsaga!

71.Hawaii BBQ searibid

KOOSTISOSAD:
- 2 resti searibi
- 1 tass ananassimahla
- ½ tassi ketšupit
- ¼ tassi sojakastet
- ¼ tassi pruuni suhkrut
- 2 spl riisiäädikat
- 2 küüslauguküünt, hakitud
- 1 tl riivitud ingverit
- Sool ja pipar maitse järgi

JUHISED:
a) Kuumuta ahi temperatuurini 325 °F (163 °C).
b) Vahusta kausis ananassimahl, ketšup, sojakaste, pruun suhkur, riisiäädikas, hakitud küüslauk, riivitud ingver, sool ja pipar.
c) Asetage searibide restid suurde ahjuvormi või praepannile.
d) Valage marinaad ribidele, veendudes, et need on igast küljest kaetud. Jäta veidi marinaad pesimiseks.
e) Kata vorm alumiiniumfooliumiga ja aseta eelsoojendatud ahju.
f) Küpseta ribisid umbes 2 tundi või kuni need on pehmed ja liha hakkab kontide küljest lahti tõmbuma.
g) Eemalda foolium ja määri ribid reserveeritud marinaadiga.
h) Tõstke ahju temperatuur 200 °C-ni ja pange ribid ilma kaaneta tagasi ahju.
i) Küpseta veel 15-20 minutit või kuni ribid on kenasti karamelliseerunud ja kaste paksenenud.
j) Võta ahjust välja ja lase ribidel enne serveerimist paar minutit puhata.
k) Serveerige Hawaii BBQ searibi troopilise ja mahlase pearoana.
l) Nautige õrnaid ja maitsekaid ribisid koos magusa ja vürtsika BBQ-glasuuriga!

72.Kariibi grillitud praad ananassisalsaga

KOOSTISOSAD:
- 2 naela küljepraad
- 2 supilusikatäit Kariibi mere maitseainet
- 2 spl taimeõli
- Sool ja pipar maitse järgi

ANASSI SALSA:
- 1 tass kuubikuteks lõigatud ananassi
- ½ punast sibulat, peeneks hakitud
- ½ punast paprikat, peeneks hakitud
- ½ jalapeno pipart, seemned ja ribid eemaldatud, peeneks hakitud
- 1 laimi mahl
- 2 supilusikatäit hakitud värsket koriandrit
- Soola maitse järgi

JUHISED:
a) Kuumuta grill või grillpann keskmisele-kõrgele kuumusele.
b) Hõõruge küljepraad Kariibi mere maitseaine, taimeõli, soola ja pipraga.
c) Grilli steiki umbes 4-6 minutit mõlemalt poolt või kuni see saavutab soovitud küpsusastme. Laske enne viilutamist paar minutit puhata.
d) Vahepeal valmistage ananassisalsa, segades kausis kuubikuteks lõigatud ananassi, peeneks hakitud punase sibula, peeneks hakitud punase paprika, peeneks hakitud jalapeno pipra, laimimahla, hakitud värske koriandri ja soola. Kombineerimiseks sega hästi läbi.
e) Viiluta grillitud praad tera vastu ja serveeri rikkaliku lusikatäie ananassisalsaga.
f) Serveeri Kariibi mere grillitud praad ananassisalsaga troopilise ja maitseka pearoana.

MAGUSTOIT

Piña Colada Granita

KOOSTISOSAD:
- 2 1/2 tassi ananassi 1/2-tolliste kuubikutena
- 1 (12 untsi) purk kookospähklikoort
- 1/2 tassi värsket laimimahla
- 1/2 tassi värsket apelsinimahla
- 3 supilusikatäit tumedat rummi
- 2 spl Triple Sec

JUHISED:

a) Töödeldes partiidena, töötle ananassi köögikombainis 15 sekundit. Tõsta suurde kaussi. Sega hulka kookoskoor, laimimahl, apelsinimahl, rumm ja Triple Sec.

b) Kata kilega ja aseta ööseks sügavkülma.

c) Partiidena töötades pulseerige külmutatud segu 10 korda köögikombainis ja seejärel töödelge ühtlaseks, umbes 90 sekundit.

d) Katke ja külmutage 2 tundi või kuni see on kindel.

.Piña colada pehmem-serveerida

KOOSTISOSAD:
- 12 untsi vahustatud lisandit
- 12 untsi kookoskoort
- ananassimahl
- ¼ tassi kookosrummi
- 2 spl pruuni suhkrut
- 1 laimi koor

JUHISED:

a) Sega kausis ettevaatlikult kokku vahustatud kate, kookoskoor, ananassimahl, rumm, suhkur ja laimikoor, jälgides, et vahustatud kate õhk ei tühjeneks.

b) Selle retsepti lisavedelik nõuab veidi hoolikamat segamist, kuid see tuleb kokku.

Piña Colada koogikesi

KOOSTISOSAD:
- 1 18,25 untsi karp valge šokolaadi koogi segu
- 1 3,9 untsi karp prantsuse vaniljepudingi lahustuvat segu
- ¼ tassi kookosõli
- ½ tassi vett
- 2/3 tassi heledat rummi, jagatud
- 4 muna
- 1 14-untsine purk pluss 1 tass purustatud ananassi
- 1 tass magustatud, helvestega kookospähklit
- 1 16-untsi vanilje glasuuriga
- 1 12-untsine vann piimavaba vahukoort
- Kaunistuseks röstitud kookospähkel
- Kokteiliga päikesevarjud

JUHISED:
a) Kuumuta ahi temperatuurini 350 °F.
b) Sega koogisegu, pudingisegu, kookosõli, vesi ja 1/3 tassi rummi elektrimikseri abil keskmise kiirusega. Lisa ükshaaval munad, samal ajal tainast aeglaselt vahustades.
c) Voldi sisse ananassi- ja kookospähklipurk. Vala vormidesse ja küpseta 25 minutit.
d) Glasuuri valmistamiseks segage 1 tass purustatud ananassi, ülejäänud 1/3 tassi rummi ja vaniljejäätmed kuni paksuks.
e) Lisa piimavaba vahustatud kate.
f) Külmutage täielikult jahtunud koogikesi ning kaunistage röstitud kookospähkli ja päikesevarjuga.

Piña colada juustukook

KOOSTISOSAD:
- Kookospähkli koorik
- 2 ümbrikku maitsestamata želatiini
- Suhkur
- 1 purk (6 untsi) ananassimahla
- 3 muna, eraldatud
- 3 pakki (igaüks 8 untsi) koorjuustu, pehmendatud
- ¼ tassi tumedat Jamaica rummi
- ¼ teelusikatäit kookospähkli ekstrakti
- 1 purk (20 untsi) purustatud ananassi
- 1 supilusikatäis maisitärklist

JUHISED:
a) Valmista kookoskoor (vt allpool). Sega potis želatiin ja ½ tassi suhkrut. Lisa ananassimahl. Seista 1 minut. Kuumuta madalal kuumusel, kuni želatiin lahustub (5 minutit). Eemaldage kuumusest.
b) Lisa ükshaaval munakollased iga järel korralikult kloppides. Jahutage veidi. Vahusta toorjuust kohevaks.
c) Blenderda želatiinisegusse rummi ja kookoseekstraktiga.
d) Jahutage kiiresti, asetades segu jääveega kaussi; sega kuni veidi pakseneb. Vahusta munavalged vahuks.
e) Lisage järk-järgult ¼ tassi suhkrut, kuni moodustuvad jäigad tipud. Voldi želatiini sisse. Muutke ettevalmistatud koorikuks. Hoia üleöö külmkapis.
f) Sega kastrulis nõrutamata ananass 2 supilusikatäit suhkru ja maisitärklisega. Keeda, segades, kuni keeb ja pakseneb. Lahe. Tõsta lusikaga peale juustukook. Serveerib 8-10.
g) Kookospähklikoor Segage 1½ tassi vanilje vahvlipuru 1 tassi kookoshelvestega. Sega juurde ⅓ tassi sulatatud võid. Vajutage 8- või 9- tollise vedruvormi põhja ja külgedele. Jahutage kuni kasutusvalmis.

.Piña Colada jäätis

KOOSTISOSAD:
- 13,5 untsi kookospiima
- 15 untsi kookoskoort
- ⅓ – ½ tassi granuleeritud suhkrut
- ¼ tassi ananassimahla
- 2 tl vaniljeekstrakti või vaniljekauna pasta
- ½ tassi tükeldatud ananassi püreestatud
- ¼ tassi rummi
- serveerimiseks röstitud kookoshelbed

JUHISED:
a) Vahusta suures kausis kookospiim, koor ja suhkur. Vahusta 2-3 minutit madalal kiirusel, kuni suhkur on lahustunud. Sega juurde ananassimahl, vaniljeekstrakt ja püreestatud ananassid.
b) Jahutage segu üleöö.
c) Lülitage jäätisemasin sisse. Valage jahutatud segu sügavkülma kaussi ja laske seguneda kuni paksenemiseni umbes 25-30 minutit. Kui kasutad rummi, lisa kohe ja lase veel 2-3 minutit podiseda.
d) Tõsta pehme jäätis sügavkülmakindlasse kaussi ja pane veel 2 tunniks küpsema.
e) Serveeri röstitud kookoshelvestega.

.Piña Colada juustukoogibatoonid

KOOSTISOSAD:
- 2 tassi grahami kreekeripuru
- 1/2 tassi soolata võid, sulatatud
- 3 supilusikatäit granuleeritud suhkrut
- 16 untsi toorjuustu, pehmendatud
- 1 tass granuleeritud suhkrut
- 1/4 tassi ananassimahla
- 1/4 tassi kookospiima
- 1/4 tassi hakitud kookospähklit
- 4 muna
- 1/2 tassi ananassi tükke

JUHISED:
a) Kuumuta ahi temperatuurini 350 °F.
b) Sega kausis Grahami kreekeripuru, sulatatud või ja 3 supilusikatäit suhkrut.
c) Suru segu rasvainega määritud 9x13-tollisse ahjuvormi.
d) Vahusta eraldi segamisnõus toorjuust ja 1 tass suhkrut ühtlaseks massiks.
e) Lisa ananassimahl, kookospiim ja hakitud kookospähkel segamisnõusse ning sega, kuni see on hästi segunenud.
f) Lisa ükshaaval segamisnõusse munad ja sega ühtlaseks seguks.
g) Vala segu ahjuvormi koorele.
h) Katke segu ananassitükkidega.
i) Küpseta 35-40 minutit, kuni juustukook on tahenenud.
j) Lase juustukoogil jahtuda, enne kui lõikad ribadeks.

Piña Colada Gelato

KOOSTISOSAD:
- 1 muna
- 50 grammi suhkrut
- 250 ml kookospiima
- 200 ml Raske koor
- ½ tervest ananassist Värske ananass
- 1 rumm

JUHISED:

a) Kasutage oma suurimat kaussi, kuna segate kõik koostisosad samasse kaussi, mida kasutate koore vahustamiseks.

b) Eralda munakollane ja valge. Valmista munavalgest ja poolest suhkrust kõva besee. Sega teine pool suhkrust munakollasega ja sega valgeks.

c) Vahusta rõõsk koor, kuni moodustuvad kergelt pehmed tipud. Lisa kookospiim ja sega kergelt läbi.

d) Kas haki ananass peeneks või püreesta blenderiga kergelt jämedaks pastaks.

e) Ettevalmistus on selleks hetkeks lõppenud. Pole vaja olla liiga täpne. Sega kõik paksu koore ja kookospiima kaussi. Lisa ka besee ja sega korralikult läbi.

f) Vala Tupperware karpi ja külmuta lõpuni. Te ei pea seda poole peal segama.

g) Kui hakkida ananass ühtlaseks pastaks, jääb tulemus siidisem ja rohkem autentse gelato moodi.

h) Kui olete želato serveerimisnõudesse kogunud, proovige valada peale väike tilk rummi. See maitseb hämmastavalt, täpselt nagu piña colada kokteil.

.Piña colada besee-gelato kook

KOOSTISOSAD:
- ½ tassi veetustatud ananassi
- 20 g tumedat (70%) šokolaadi
- 100 g valmis besee
- 1 ¼ tassi rasket koort
- 2-4 spl Malibu kookosrummi
- Värske piparmünt või röstitud raseeritud kookospähkel, kaunistuseks

JUHISED:
a) Vooderda 13 x 23 cm leivavorm kilega. Jäta kindlasti mitu cm plastmassi külgedele üle.
b) Tükelda ananass nii, et ükski tükk poleks rosinast suurem. Tehke sama šokolaadiga.
c) Purusta besee puruks. Proovige seda teha kiiresti, sest besee kogub õhust niiskust ja muutub kleepuvaks.
d) Vahusta koor suures segamiskausis pehmeks vahuks. Lisage Malibu, seejärel pekske uuesti paar sekundit, kuni pehmed tipud taastuvad.
e) Lisa kaussi ananass ja šokolaad ning sega need õrnalt kreemi hulka. Lisa besee ja sega uuesti õrnalt kokku. Vala kõik pätsivormi ja löö paar pehmet hoopi vastu letti, et sisu settiks ja jaotuks. Voldi ülerippuv plastik koogi ülaosale, seejärel mähkige vorm teise kilekihi sisse. Pane kook ööseks sügavkülma.
f) Serveerimiseks kasutage üleulatuvat plastikut, et kook vormist välja tõmmata. Viiluta ja puista peale piparmündioksad või veel parem puista röstitud hakitud kookospähklit. See on pehme koorekook, nii et sööge see kohe sisse.

No-Bake Piña colada juustukook

KOOSTISOSAD:
- 1 kookoskoor
- 2 ümbrikku maitsestamata želatiini
- Suhkur
- 6 untsi ananassimahla
- 3 muna, eraldatud
- Kolm 8-untsi pakki koort Juust on pehmendatud
- ¼ tassi tumedat Jamaica rummi
- ¼ teelusikatäit kookospähkli ekstrakti
- 20-untsi purk purustatud ananassi
- 1 supilusikatäis maisitärklist

JUHISED:
a) Sega potis želatiin ja ½ tassi suhkrut. Lisa ananassimahl. Seista 1 minut. Kuumuta madalal kuumusel, kuni želatiin lahustub, umbes 5 minutit. Eemaldage kuumusest.

b) Lisa ükshaaval munakollased iga järel korralikult kloppides. Jahutage veidi. Vahusta toorjuust kohevaks.

c) Blenderda želatiinisegusse rummi ja kookoseekstraktiga.

d) Jahutage kiiresti, asetades segu jääveega kaussi; sega kuni veidi pakseneb.

e) Vahusta munavalged vahuks.

f) Lisage järk-järgult ¼ tassi suhkrut, kuni moodustuvad jäigad tipud. Voldi želatiini sisse. Muutke ettevalmistatud koorikuks. Hoia üleöö külmkapis.

g) Sega kastrulis nõrutamata ananass 2 supilusikatäit suhkru ja maisitärklisega. Keeda, segades, kuni keeb ja pakseneb. Lahe. Tõsta lusikaga peale juustukook.

.Piña Colada Panna Cotta laimi ja ananassiga

KOOSTISOSAD:
PANNA COTTA JAOKS
- 400 g creme fraiche
- 150 ml kookospiima
- 100 g suhkrut
- 3 lehte maitsestamata želatiini

ANASSI SALSA JAOKS
- 1 küps ananass
- 50 g suhkrut
- 30 ml Malibu rummi
- 25 g röstitud kookoshelbeid
- 1 laim
- 1 spl piparmündi lehti

JUHISED:
PANNA COTTA JAOKS
a) Pane želatiin külma veega kaussi ja jäta 5-10 minutiks pehmenema.
b) Želatiinilehed on sukeldatud veekaussi
c) Samal ajal sega keskmisel kastrulis creme fraiche, kookospiim ja suhkur ning kuumuta keskmisel kuumusel keemiseni.
d) Creme fraiche, kookospiim ja suhkur vispliga potis
e) Tõsta tulelt ja sega hulka nõrutatud želatiin. Vahusta korralikult, et želatiin oleks täielikult lahustunud. Kurna läbi peene sõela.
f) Nõrutatud želatiin lisatakse soojale panna cotta segule
g) Vala segu 4 serveerimisklaasi ja pane vähemalt 2 tunniks külmkappi seisma.
h) Panna cotta segu valatakse magustoiduklaasidesse tahenema
ANASSI SALSA JAOKS
i) Koori ananass ja lõika see ühtlasteks kuubikuteks.
j) Kooritud ananassi tükeldamine ja tükeldamine
k) Lisage suurele pannile ananassid, suhkur ja rumm ning laske keskmisel kuumusel keema tõusta. Küpseta 2 minutit ja tõsta kaussi kõrvale.
l) Tükeldatud ananassile lisatakse pannil leegi kohal suhkur
m) Riivi ananassidele 1 laimi koor ja sega korralikult läbi. Lase toatemperatuuril jahtuda ja seejärel lisa peeneks ribadeks lõigatud piparmünt.
n) Laimikoore riivimine keedetud ananassikuubikutele
o) Kui panna cotta on tahenenud, lisa sellele ananassisalsa
p) Ananassi lisamine kõrbeklaasi seatud panna cotta peale
q) Viimistlemiseks kaunista röstitud kookoshelveste ja piparmündilehtedega.

83.Piña colada loll

KOOSTISOSAD:
- 1 tass kurnatud magustamata purustatud ananass
- 1½ tassi vahukoort
- ½ tassi magustatud hakitud kookospähklit
- 1 supilusikatäis kookoslikööri või rummi (valikuline)
- Mündioksad (valikuline)

JUHISED:
a) Püreesta blenderis või köögikombainis pool ananassist; lisa ülejäänud ananassile. Eraldi kausis vahusta koor; voldi sisse ananass, kookos ja kookoslikööl (kui kasutad).

b) Jaga 6 pika varrega klaasi vahel. Jahuta 1 tund. Kaunista piparmündiga (kui kasutad).

SMUUTID JA KOKTEILID

.Piña Colada roheline smuuti

KOOSTISOSAD:
- 2 tassi spinati lehti
- 1 tass värsket ananassi, tükeldatud
- 1 tass mustikaid
- 1 spl jahvatatud linaseemneid
- 1 tass (240 ml) kookosvett
- ½ tassi vett

JUHISED:
a) Lisa kõik koostisosad, välja arvatud puhastatud vesi, segistisse.
b) Lisa maitse järgi vett. Töötle ühtlaseks.

.Piña Colada keefir

KOOSTISOSAD:
- 1 tass piima keefirit.
- ½ tassi kookoskoort.
- ½ tassi ananassimahla.
- Blender.

JUHISED:
a) Asetage piimakefir, kookoskoor ja ananassimahl segistisse.
b) Blenderda need.
c) Serveeri. Kui soovid, et see oleks nagu smuuti, võid keefirisse segada jääd.

Roheline Colada smuuti

KOOSTISOSAD:
- 1 tass külmutatud tükeldatud ananassi
- 3 supilusikatäit toorest, magustamata, hakitud kookospähklit
- 1 spl värsket laimimahla
- 1 peotäis beebispinati lehti
- 3 kivideta datlit (leotatud ja pehmed)
- 1 tass vett
- 4 kuni 5 jääkuubikut

JUHISED:
a) Pane kõik koostisosad peale jäätise blenderisse ja töötle ühtlaseks ja kreemjaks. Lisa jää ja töötle uuesti.
b) Joo jääkülmalt.

.Piña Colada Shake

KOOSTISOSAD:
- 1 külmutatud banaan, kooritud ja tükeldatud
- ½ tassi värsket ananassi, tükeldatud
- 1 tass kookospiima
- 2 lusikatäit vanilje valgupulbrit
- 1 supilusikatäis hakitud, magustamata kookospähklit

JUHISED:
a) Blenderda ühtlaseks.
b) Maitse ja vajadusel reguleeri jääd või koostisosi.

Kahlua ja Cookie colada parfeed

KOOSTISOSAD:
- 8 makrooni küpsist
- ½ tassi Kahlua
- 1 liitrit vaniljejäätist
- 8 tl rummi
- 20 untsi purustatud ananass, mahlas; hästi kuivendatud
- ¼ tassi hakitud kookospähkel; röstitud

JUHISED:
a) Murendage igas neljas parfee- või 12 untsises veiniklaasis 1 küpsis.
b) Piserdage igaühele 1 supilusikatäis Kahluat. Vala igasse klaasi ¼ tassi jäätist, tõsta jäätisele lusikaga ananassikiht ja puista peale 1 tl rummi.
c) Korrake kihte, kasutades ülejäänud koostisosi, lõpetades jäätisega ja puistades pealt röstitud kookospähkliga.
d) Serveeri kohe.

. Troopiline vesi

KOOSTISOSAD:
- 1 värske piparmündi või basiiliku oksake
- 1 mandariin, kooritud
- ½ mangot, kooritud ja kuubikuteks lõigatud
- Filtreeritud vesi

JUHISED:
a) Pange piparmünt, mandariin ja mango klaaskannu.
b) Täitke see filtreeritud veega.
c) Hauta 2 tundi külmkapis.
d) Vala serveerimisklaasidesse.

Troopiline paradiis

KOOSTISOSAD:
- 1 kiivi, kooritud ja tükeldatud
- 1 vaniljekaun, piki poolitatud
- ½ mangot, tükeldatud

JUHISED:
a) Pange mango, kiivi ja vaniljekaun 64-untsi kannu.
b) Pane filtreeritud vette või kookosvette.
c) Enne serveerimist jahutage.

Troopiline jäätee

KOOSTISOSAD:
- 1 tass värsket apelsinimahla
- 1 tass ananassi
- ½ tassi agaavisiirupit
- 12 tassi keeva veega
- 12 teepakki
- 3 tassi sidrunisoodat

JUHISED:
a) Asetage keev vesi ja teekotid teekannu;
b) Laske sellel tõmmata.
c) Aseta külmkappi, kuni see on jahtunud.
d) Asetage ananassi- ja apelsinimahl segistisse.
e) Püreesta, kuni segu on ühtlane ja ühtlane.
f) Aseta ananassipüree kannu.
g) sega hulka agaavisiirup ja sidrunisooda.
h) Sega läbi ja serveeri jahutatult.

Vürtsikas troopiline roheline smuuti

KOOSTISOSAD:
- 2 tassi tihedalt pakitud spinatilehti
- 1 tass külmutatud ananassi tükke
- 1 tass külmutatud mango tükid
- 1 väike mandariin, kooritud ja kivideta, või 1 laimi mahl
- 1 tass kookosvett
- ¼ tl Cayenne'i pipart (valikuline)

JUHISED:
a) Kombineeri kõik koostisosad blenderis ja blenderda kõrgel kuumusel ühtlaseks.
b) Naudi külmalt.

Troopilise mandariini smuuti

KOOSTISOSAD:
- 2 kooritud ja segmenteeritud mandariini
- ½ tassi ananassi
- 1 külmutatud banaan

JUHISED:
a) Segage ½ kuni 1 tassi vedelikuga.
b) Nautige

4. Tropicala

KOOSTISOSAD:
- ½ tassi ananassi
- ½ keskmise naba apelsini kooritud
- 10 mandlit
- ¼ tassi kookospiima
- Üks ¼-tolline viil värsket ingverit
- 1 spl värsket sidrunimahla
- ¼ tl jahvatatud kurkumit või üks ¼-tolline viil värskelt
- 4 jääkuubikut

JUHISED:
a) Kombineeri kõik koostisosad blenderis ja püreesta ühtlaseks massiks.

Maasika Daiquiri

KOOSTISOSAD:

- 2 untsi rummi
- 1 unts laimimahla
- 1 unts lihtne siirup
- 4-5 värsket maasikat
- Jääkuubikud
- Kaunistuseks maasikas

JUHISED:

a) Sega segistis rumm, laimimahl, lihtne siirup, värsked maasikad ja jääkuubikud.
b) Blenderda ühtlaseks ja kreemjaks.
c) Valage segu klaasi.
d) Kaunista maasikaga.
e) Serveeri ja naudi!

Troopiline Margarita

KOOSTISOSAD:

- 2 untsi tequilat
- 1 unts laimimahla
- 1 unts apelsinimahla
- 1 unts ananassimahla
- ½ untsi lihtsat siirupit
- Laimiviil ja sool ääristamiseks (valikuline)

JUHISED:

a) Soovi korral äärista klaas soolaga, hõõrudes serva ümber laimikiilu ja kastes selle soola sisse.
b) Täida šeiker jääkuubikutega.
c) Lisa šeikerisse tekiila, laimimahl, apelsinimahl, ananassimahl ja lihtne siirup.
d) Raputa korralikult.
e) Kurna segu ettevalmistatud jääga täidetud klaasi.
f) Kaunista laimiviiluga.
g) Serveeri ja naudi!

7. Sinine Hawaii Mocktail

KOOSTISOSAD:
- 2 untsi sinist curaçao siirupit
- 2 untsi ananassimahla
- 1 unts kookoskreemi
- Kaunistuseks ananassiviil ja kirss

JUHISED:
a) Täida šeiker jääkuubikutega.
b) Lisage shakerisse sinine curaçao siirup, ananassimahl ja kookoskoor.
c) Raputa korralikult.
d) Kurna segu jääga täidetud klaasi.
e) Kaunista ananassiviilu ja kirsiga.
f) Serveeri ja naudi seda elavat alkoholivaba troopilist jooki!

Mango Mojito Mocktail

KOOSTISOSAD:
- 1 küps mango, kooritud ja kuubikuteks lõigatud
- 1 unts laimimahla
- 1 unts lihtne siirup
- 6-8 värsket piparmündilehte
- Soodavesi
- Kaunistuseks mangoviil ja piparmündioksake

JUHISED:
a) Sega klaasis mangokuubikud laimimahla ja lihtsa siirupiga.
b) Lisa jääkuubikud ja rebitud piparmündilehed.
c) Kõige peale lisa soodavesi.
d) Sega õrnalt.
e) Kaunista mangoviilu ja piparmündioksaga.
f) Serveeri ja naudi seda värskendavat kokteili!

Kookose limeade

KOOSTISOSAD:
- 1 tass kookosvett
- ¼ tassi laimimahla
- 2 supilusikatäit lihtsat siirupit
- Kaunistuseks laimiviilud ja piparmündilehed

JUHISED:
a) Sega kannus kookosvesi, laimimahl ja lihtne siirup.
b) Segage korralikult läbi.
c) Lisa serveerimisklaasidesse jääkuubikuid.
d) Vala kookoslimeaad igasse klaasi jääle.
e) Kaunista laimiviilude ja piparmündilehtedega.
f) Enne serveerimist segage õrnalt.
g) Nautige selle troopilise limeaadi kokteili värskendavaid ja teravaid maitseid!

Troopiline Sangria

KOOSTISOSAD:
- 1 pudel valget veini
- 1 tass ananassimahla
- ½ tassi apelsinimahla
- ¼ tassi rummi
- 2 supilusikatäit lihtsat siirupit
- Erinevad troopilised puuviljad
- Klubi sooda (valikuline)
- Mündilehed kaunistuseks

JUHISED:
a) Sega suures kannus valge vein, ananassimahl, apelsinimahl, rumm ja lihtne siirup.
b) Segage korralikult läbi.
c) Lisa kannule viilutatud troopilised puuviljad.
d) Tõsta vähemalt 1 tunniks külmkappi, et maitsed seguneksid.
e) Serveerimiseks vala troopiline sangria jääga täidetud klaasidesse.
f) Soovi korral lisa kihistamiseks tilk soodat.
g) Kaunista piparmündilehtedega.
h) Rüüpa ja naudi mahlakast ja värskendavat troopilist sangriat!

KOKKUVÕTE

Loodame, et teile on meeldinud see Piña coladast inspireeritud retseptide kogu. Ükskõik, kas võõrustate külalisi või lihtsalt ravite ennast, need retseptid viivad teid kindlasti troopilisse paradiisi. Ärge unustage lõbutseda ja katsetada erinevate koostisosadega, et muuta need retseptid enda omaks.

Samuti loodame, et õppisite Piña colada kokteili ajaloo ja koostisosade kohta midagi uut. Nende teadmiste abil saate oma sõpradele muljet avaldada oma mikseerimisoskustega ja luua sellel klassikalisel joogil ainulaadseid pöördeid.

Täname, et valisite "Tropical Bliss: A Collection of Piña Colada inspireeritud retseptid". Soovime teile palju rõõmsaid ja maitsvaid seiklusi köögis!

www.ingramcontent.com/pod-product-compliance
Lightning Source LLC
Chambersburg PA
CBHW050350120526
44590CB00015B/1640